모두를 위한

금강경

'모두를 위한 금강경'은 「조계종 표준 금강경」과 「틱낫한 스님의 금강경」을 토대로 하여 부처님과 수보리의 문답을 시각적으로 분리하여 새롭게 구성하였습니다. 더불어 이해가 필요한 부분은 「산스끄리뜨 금강경 역해」와 「도해 금강경」을 참고하여 현대인들이 받아들이기 쉽도록 엮었습니다.
부디 이 작은 경전이 반야의 지혜에 닿을 수 있는 든든한 뗏목이 되기를 소망합니다. -오늘도맑음 출판부-

참고문헌

대한불교조계종 교육원. 「조계종 표준 금강반야바라밀경」 조계종출판사, 2009.
틱낫한. 공역 양미성·김동원. 「틱낫한 스님의 금강경」 장경각, 2004.
현진 역해. 「산스끄리뜨 금강경 역해」 불광출판사, 2023.
구마라집 원역; 번역 김진무·류화송; 편저 시칭시. 「도해 금강경」불광출판사, 2018

모두를 위한 금강경

For Everyone Edition

Vol.1

오늘도 맑음
publishing company

목차

01. 법회가 열린 인연 · 9
02. 선현이 법을 청하다 · 11
03. 대승의 근본 뜻 · 13
04. 묘행은 머무름 없음 · 15
05. 진여의 이치를 실답게 봄 · 17
06. 바른 믿음은 희유하다 · 19
07. 얻을 것도 없고 설할 것도 없음 · 23
08. 법에 의하여 출생함 · 25
09. 하나의 상도 상이 없음 · 27
10. 불국토의 장엄 · 31
11. 무위의 복이 수승함 · 35
12. 올바른 가르침의 존중 · 37
13. 법답게 받아 지님 · 39

14. 상을 떠난 적멸 · 43
15. 경을 수지하는 공덕 · 51
16. 능히 업장을 깨끗이 함 · 55
17. 궁극의 가르침, 무아 · 59
18. 일체를 동일하게 보다 · 67
19. 법계를 다 교화하다 · 71
20. 색과 상을 여의다 · 73
21. 설해도 설한 것이 아니다 · 75
22. 법 가히 얻을 것이 없음 · 77
23. 청정한 마음으로 선을 행함 · 79
24. 경전 수지의 복덕 · 81
25. 교화하되 교화한 바가 없다 · 83
26. 법신은 상이 아니다 · 85
27. 단절과 소멸의 초월 · 87
28. 탐착없는 복덕 · 89
29. 오고감이 없는 여래 · 91
30. 부분과 전체의 참모습 · 93
31. 내지 말아야 할 관념 · 95
32. 관념을 떠난 교화 · 97
* 주요 용어 해석 · 98

第一. 法會因由分 법회인유분

여시아문 일시 불 재사위국 기수급고독원
如是我聞 一時 佛 在舍衛國 祇樹給孤獨園

여대비구중 천이백오십인 구이시 세존 식
與大比丘衆 千二百五十人 俱爾時 世尊 食

시 착의지발 입사위대성 걸식 어기성중
時 著衣持鉢 入舍衛大城 乞食 於其城中

차제걸이 환지본처 반사흘 수의발 세족이
次第乞已 環至本處 飯食訖 收衣鉢 洗足已

부좌이좌。
敷座而坐

제1장. 법회가 열린 인연

이와 같이 나는 들었다. 한때 석가모니 부처님께서 사위국 기수급고독원에 머무시며 훌륭한 비구 1,250명과 함께 수행하고 계셨다.

그때 부처님께서는 공양 때가 되어 가사를 입고 발우를 들고 걸식하고자 사위성으로 들어가셨다. 성 안에서 차례로 걸식하신 후 본래의 처소로 돌아와 공양을 마치신 뒤에 가사와 발우를 거두고 발을 씻은 다음 자리를 펴고 앉으셨다.

第二. 善現啓請分 선현계청분

시   장로수보리   재대중중   즉종좌기   편단
時   長老須菩提   在大衆中   卽從座起   偏袒

우견   우슬착지   합장공경   이백불언   희유
右肩   右膝着地   合掌恭敬   而白佛言   希有

세존   여래   선호념제보살   선부촉제보살
世尊   如來   善護念諸菩薩   善付囑諸菩薩

세존 선남자   선여인   발아뇩다라삼먁삼보
世尊 善男子 善女人 發阿耨多羅三藐三菩

리심   응운하주   운하항복기심   불언   선재
提心 應云何住 云何降伏其心   佛言 善哉

선재   수보리   여여소설   여래   선호념제보
善哉 須菩堤 如汝所說 如來 善護念諸菩

살   선부촉제보살   여금제청   당위여설   선남
薩 善付囑諸菩薩 汝今諦聽 當爲如說 善男

자   선여인   발아뇩다라삼먁삼보리심   응
子 善女人 發阿耨多羅三藐 三菩提心   應

여시주   여시   항복   기심   유연세존   원요
如是住 如是 降伏 其心 唯然世尊 願樂

욕문 欲聞。

제2장. 선현이 법을 청하다

그때 대중 가운데 있던 수보리 장로가 자리에서 일어나 공경하는 마음으로 오른쪽 어깨를 드러내고 오른쪽 무릎을 땅에 대며 합장하고 부처님께 여쭈었다.

수보리: 세존이시여, 참으로 희유하시옵니다. 세존께서는 모든 보살을 잘 보호해 주시고 격려해 주십니다.
세존이시여, 선남자 선여인이 완전한 깨달음(아뇩다라삼먁삼보리)을 얻고자 한다면 어떻게 살아야 하며 어떻게 마음을 다스려야 합니까?

부처님: 수보리여, 그대의 말처럼 여래는 보살들을 잘 보호하고 잘 인도하느니라.
그대를 위하여 설하리니 자세히 들어라. 완전한 깨달음을 얻고자 한다면 다음과 같이 살아야 하며 다음과 같이 마음을 다스려야 하느니라.

수보리: 예, 세존이시여! 즐거이 듣고자 하옵니다.

第三. 大乘正宗分 대승정종분

불고　수보리　제보살마하살　응여시항복기
佛告　須菩提　諸菩薩摩訶薩　應如是降伏其

심　소유일체중생지류　약난생　약태생　약
心　所有一切衆生之類　若卵生　若胎生　若

습생　약화생　약유색　약무색　약유상　약
濕生　若化生　若有色　若無色　若有想　若

무상　약비유상비무상　아개영입무여열반
無想　若非有想非無想　我皆令入無餘涅槃

이멸도지　여시멸도　무량무수무변중생
而滅度之　如是滅度　無量無數無邊衆生

실무중생 득멸도자 하이고　수보리　약보살
實無衆生 得滅度者 何以故　須菩提　若菩薩

유아상　인상　중생상　수자상　즉비보살。
有我相　人相　衆生相　壽者相　卽非菩薩

제3장. 대승의 근본 뜻

부처님: 깨달음을 얻고자 하는 보살들은 이렇게 마음을 다스려야 하느니라.

'어떠한 중생이든지 즉, 알에서 난 것이나, 혹은 태에서 난 것이나, 혹은 습기에서 난 것이나, 혹은 저절로 생겨난 것이나, 형상이 있는 것이나, 형상이 없는 것이나, 지각이 있는 것이나, 지각이 없는 것이나, 혹은 지각이 있다고도 할 수 없고, 없다고도 할 수 없는 온갖 중생들을 내가 모두 완전한 열반에 들게 하리라.' 그리하여 헤아릴 수 없이 많은 중생을 열반에 들게 하였더라도 열반에 들게 한 중생이 없다라고 여겨야 하느니라.

왜냐하면 수보리여, 보살이 아상(我相.자아가 있다는 관념), 인상(人相.개아가 있다는 관념), 중생상(衆生相.중생이 있다는 관념), 수자상(壽者相.영혼이 있다는 관념)에 집착하면 참된 보살이 아니기 때문이니라.

---

* 아상(我相), 인상(人相), 중생상(衆生相), 수자상(壽者相)의 해석은 시대와 해석자에 따라 해석 간 차이가 존재합니다.
본문의 네 가지 상에 대한 풀이는 조계종의 해석을 따랐습니다.

第四. 妙行無住分 묘행무주분

부차 수보리 보살 어법 응무소주 행어
復次 須菩提 菩薩 於法 應無所住 行於

보시 소위부주색보시 부주성향미촉법보시
布施 所謂不住色布施 不住聲香味觸法布施

수보리 보살 응여시보시 부주어상 하이고
須菩提 菩薩 應如是布施 不住於相 何以故

약보살 부주상보시 기복덕 불가사량 수
若菩薩 不住相布施 其福德 不可思量 須

보리 어의운하 동방허공 가사량부 불야
菩提 於意云何 東方虛空 可思量不 不也

세존 수보리 남서북방 사유상하허공 가사
世尊 須菩提 南西北方 四維上下虛空 可思

량부 불야 세존 수보리 보살 무주상
量不 不也 世尊 須菩提 菩薩 無住相

보시복덕 역부여시 불가사량 수보리 보살
布施福德 亦復如是 不可思量 須菩提 菩薩

단응여소교주但應如所教住。

제4장. 묘행은 머무름이 없음

부처님: 또한 수보리여, 보살은 어떤 대상에도 집착함이 없이 보시를 행해야 하느니라. 말하자면 형상(色)에 집착하지 않고 보시하고, 소리·냄새·맛·촉감·마음의 대상에도 머물지 않고 보시해야 하느니라.

수보리여, 보살은 응당 이와 같이 보시하여 상에 머물지 말지니, 왜 그러한가 하면 보살이 상에 머물지 않고 보시한다면 그 복덕은 헤아릴 수 없이 크고 깊기 때문이다. 수보리여, 그대 생각은 어떠하느냐? 동쪽의 허공을 헤아릴 수 있겠는가?

수보리: 그렇지 않습니다. 세존이시여!

부처님: 수보리여, 남서북방과 사이사이, 위·아래의 허공도 헤아릴 수 있겠는가?

수보리: 그렇지 않습니다. 세존이시여!

부처님: 수보리여, 보살이 상에 머무르지 않고 보시하면 그 덕행으로 얻는 복덕 또한 이와 같아서 헤아릴 수 없느니라. 수보리여, 보살은 이러한 나의 가르침을 항상 마음에 두어야 하느니라.

第五. 如理實見分 여리실견분

수보리 어의운하 가이신상 견여래부 불야
須菩提 於意云何 可以身相 見如來不 佛也

세존 불가이신상 득견여래 하이고 여래
世尊 不可以身相 得見如來 何以故 如來

소설신상 즉비신상 불고수보리 범소유상
所說身相 卽非身相 佛告須菩提 凡所有相

개시허망 약견제상비상 즉견여래。
皆是虛妄 若見諸相非相 卽見如來

제5장. 진여의 이치를 실답게 봄

부처님: 수보리여, 그대의 생각은 어떠한가? 몸의 모양으로 진정한 여래를 볼 수 있겠느냐?

수보리: 그렇지 않습니다. 세존이시여, 몸의 모양으로는 여래를 볼 수 없습니다. 왜냐하면, 여래께서 말씀하신 몸의 모양이란 이름하여 몸의 모양일 뿐 진실로 존재하는 상이 아니기 때문입니다.

부처님: 그러하다. 인연 따라 만들어진 모든 상(相)은 허망한 분별로 생기는 것이니 무릇 모든 상이 상 아닌 줄 안다면 곧 여래를 보게 되리라.

第六. 正信希有分 정신희유분

수보리 백불언 세존 파유중생 득문여시
須菩提 白佛言 世尊 頗有衆生 得聞如是

언설장구 생실신부 불고수보리 막작시설
言說章句 生實信不 佛告須菩提 莫作是說

여래멸후 후오백세 유지계수복자 어차장구
如來滅後 後五百歲 有持戒修福者 於此章句

능생신심 이차위실 당지시인 불어일불이
能生信心 以此爲實 當知是人 不於一佛二

불삼사오불 이종선근 이어무량천만불소 종
佛三四五佛 而種善根 已於無量千萬佛所 種

제선근 문시장구 내지일념 생정신자 수보
諸善根 聞是章句 乃至一念 生淨信者 須菩

여래 실지실견 시제중생 득여시 무량복덕
如來 悉知悉見 是諸衆生 得如是 無量福德

하이고 시제중생 무부아상인상중생상
何以故 是諸衆生 無復我相人相衆生相

수자상 무법상 역무비법상 하이고 시제중생
壽者相 無法相 亦無非法相 何以故 是諸衆生

제6장. 바른 믿음은 희유하다

수보리가 부처님께 여쭈었다.

수보리: 세존이시여, 이와 같은 말씀을 듣고 진실한 믿음을 내는 중생이 앞으로도 있겠습니까?

부처님: 그런 말은 하지 말아라. 여래가 열반에 든 오백 년 뒤에도 계율을 잘 지키고 복덕을 닦는 사람들은 이러한 가르침을 진실한 말로 여길 것이다. 이 사람들은 단지 한 분, 두 분, 서너 분, 다섯 분 부처님께 선근(善根)을 심었을 뿐 아니라 이미 한량없는 부처님께 공덕을 지었기에 이 말씀을 듣고 잠깐이라도 청정한 믿음을 내는 자임을 알아야 한다.

여래의 지혜로 이들을 지켜보고 잘 보살필 것이니 이들은 헤아릴 수 없는 공덕을 얻게 될 것이다.

왜냐하면 이러한 사람들은 아상, 인상, 중생상, 수자상에 사로잡혀 있지 않기 때문이다. 또한 법이나 법이 아닌 것에도 사로잡혀 있지 않으며 이것은 상이다, 저것은 상이 아니다라는 생각에 사로잡혀 있지도 않느니라.

왜냐면 법에 사로잡혀 있다면 아상, 인상, 중생상, 수자상에 사로잡혀 있는 것이기 때문이다.

약심취상 즉위착아인중생수자 약취법상 즉
若心取相 則爲着我人衆生壽者 若取法相 卽

착아인중생수자 하이고 약취비법상 즉착아
着我人衆生壽者 何以故 若取非法相 卽着我

인중생수자 시고 불응취법 불응취비법 이시
人衆生壽者 是故 不應取法 不應取非法 以是

의고 여래상설 여등비구 지아설법 여벌유
義故 如來常說 汝等比丘 知我說法 如筏喩

자 법상응사 하황비법。
者 法尚應捨 何況非法

만약 법이 아니라는 생각에 빠져있다면 이 또한 아상, 인상, 중생상, 수자상에 집착하고 있는 것이다. 그러므로 법에 집착해서도 안 되고 법 아닌 것에 집착해서도 안 되느니라.

이러한 까닭에 여래는 항상 "비구들이여, 그대들은 내가 말한 법을 마치 뗏목으로 여겨야 한다."라고 하였느니라. 법조차도 버려야 할진대 하물며 법 아닌 것에 대해서야 더 말할 필요가 있겠느냐.

第七. 無得無說分 무득무설분

수보리 어의운하 여래 득아뇩다라삼먁삼보
須菩提 於意云何 如來 得阿耨多羅三藐三菩

리야 여래유 소설법야 수보리언 여아해불소
提耶 如來有 所說法耶 須菩提言 如我解佛所

설의 무유정법 명아뇩다라삼먁삼보리 역무
說義 無有定法 名阿耨多羅三藐三菩提 亦無

유정법 여래가설 하이고 여래소설법 개불
有定法 如來可說 何以故 如來所說法 皆不

가취 불가설 비법 비비법 소이자하 일체
可取 不可說 非法 非非法 所以者何 一切

현성 개이무위법 이유차별。
賢聖 皆以無爲法 而有差別

제7장. 얻을 것도 없고 설할 것도 없음

부처님: 수보리여, 그대의 생각은 어떠한가? 여래가 완전한 깨달음을 얻었다고 여기느냐? 여래가 설한 법이 있다고 여기느냐?

수보리: 제가 부처님께서 말씀하신 뜻을 이해하기로는 완전한 깨달음이라고 이름할 만한 고정된 법이 존재하지 않으며 또한 여래께서 말씀하셨다 할 수 있는 고정된 법 또한 존재하지 않습니다.
왜냐하면 여래께서 말씀하신 법은 가질 수도 없고 말할 수도 없으며 법이라는 것도 아니요 법이 아니라는 것도 아니기 때문입니다. 그 이유가 무엇인가 하오면 모든 현인이나 성인들은 모두 무위법에 의해 각기 그 경계가 드러나기 때문입니다.

第八. 依法出生分 의법출생분

수보리 어의운하 약인 만삼천대천세계칠
須菩提 於意云何 若人 滿三千大千世界七

보 이용보시 시인 소득복덕 영위다부 수
寶 以用布施 是人 所得福德 寧爲多不 須

보리언 심다 세존 하이고 시복덕 즉비복
菩提言 甚多 世尊 何以故 是福德 卽非福

덕성 시고 여래설복덕다 약부유인 어차
德性 是故 如來說福德多 若復有人 於此

경중 수지내지사구게등 위타인설 기복 승
經中 受持乃至四句偈等 爲他人說 其福 勝

피 하이고 수보리 일체제불 급제불 아뇩다
彼 何以故 須菩提 一切諸佛 及諸佛 阿耨多

라삼먁삼보리법 개종차경 출 수보리 소위
羅三藐三菩提法 皆從此經 出 須菩提 所謂

불법자 즉비불법.
佛法者 卽非佛法

제8장. 법에 의하여 출생함

부처님: 수보리여, 어떤 사람이 삼천대천세계에 칠보를 가득 채워 남을 위하여 베푼다면 이 사람이 얻을 복덕이 많다고 생각하느냐?

수보리: 매우 많을 것입니다. 왜냐하면 받을 복덕은 본체가 공성이고 실제 존재하는 것도 아니어서 인연 따라 증가하고 변화할 수 있는 까닭에 여래께서 이 사람은 받을 복덕이 많다고 말씀하신 것입니다.

부처님: 만약 어떤 이가 이 경의 가르침을 믿고 실천하며 사구게 하나라도 받아 지니고 남을 위해 전한다면 이 복덕은 앞선 사람의 복덕보다 더 크다. 왜냐하면 모든 부처와 완전한 깨달음의 법은 다 이 경에서 나왔기 때문이다.
수보리여, 이른바 부처의 가르침이라 부르는 그것도 본성이 결코 실제로 있는 것이 아니기 때문에 부처의 가르침이 아니니라.

第九. 一相無相分 일상무상분

수보리 어의운하 수다원 능작시념 아득수
須菩提 於意云何 須陀洹 能作是念 我得須

다원과부 수보리언 불야 세존 하이고 수다
陀洹果不 須菩提言 不也 世尊 何以故 須陀

원 명위입류 이무소입 불입색성향미촉법 시
洹 名謂入流 而無所入 不入色聲香味觸法 是

명수다원 수보리 어의운하 사다함 능작시
名須陀洹 須菩提 於意云何 斯陀含 能作是

념 아득사다함과부 수보리언 불야 세존 하
念 我得斯陀含果不 須菩提言 不也 世尊 何

이고 사다함 명일왕래 이실무왕래 시명사
以故 斯陀含 名一往來 而實無往來 是名斯

다함 수보리 어의운하 아나함 능작시념 아
陀含 須菩提 於意云何 阿那含 能作是念 我

득아나함과부 수보리언 불야 세존 하이
得我那含果不 須菩提言 不也 世尊 何以

고 아나함 명위불래 이실무불래 시고 명
故 阿那含 名謂不來 而實無不來 是故 名

제9장. 하나의 상도 상이 없음

부처님: 수보리여, 그대의 생각은 어떠한가? 수다원과를 얻은 이가 '나는 수다원의 경지에 올랐다.'라는 생각을 할 수 있겠느냐?

수보리: 그렇지 않습니다. 세존이시여, 수다원은 성자의 흐름에 든 자'라고 하지만 실제로는 어떠한 대상에도 들어감이 없기 때문입니다. 형색, 소리, 냄새, 맛, 감촉, 마음의 대상에 들어가지 않는 것을 이름하여 수다원이라 합니다.

부처님: 수보리여, 사다함과를 얻은 이가 '나는 사다함의 경지에 올랐다.'라는 생각을 할 수 있겠느냐?

수보리: 그렇지 않습니다. 세존이시여, 사다함은 '열반에 이르기 위하여 한 번만 돌아올 자'라고 하지만 실제로는 오고 감이 없습니다. 그것을 이름하여 사다함이라 합니다.

부처님: 수보리여, 아나함과를 얻은 이가 '나는 아나함의

아나함 수보리 어의운하 아라한 능작시념
阿那含　須菩提　於意云何　阿羅漢　能作是念

아득아라한도부　수보리언　불야　세존　하
我　得阿羅漢道不　須菩提言　不也　世尊　何

이고　실무유법　명아라한　세존　약아라한
以故　實無有法　名阿羅漢　世尊　若阿羅漢

작시념　아득아라한도　즉위착아인중생수자
作是念　我得阿羅漢道　卽爲著我人衆生壽者

세존　불설아득무쟁삼매인중　최위제일　시
世尊　佛說我得無諍三昧人中　最爲第一　是

제일이욕아라한　세존　아부작시념　아시이욕
第一離欲阿羅漢　世尊　我不作是念　我是離欲

아라한　세존　아약작시념　아득아라한도　세
阿羅漢　世尊　我若作是念　我得阿羅漢道　世

존　즉불설수보리　시요아란나행자　이수보리
尊　卽佛說須菩提　是樂阿蘭那行者　以須菩提

실무소행　이명수보리　시요아란나행。
實無所行　而名須菩提　是樂阿蘭那行

경지에 올랐다'는 생각을 할 수 있겠느냐?

수보리: 그렇지 않습니다. 세존이시여, 아나함은 '되돌아오지 않는 자'라는 이름일 뿐, 실제로는 되돌아오지 않음이 없는 것을 아나함이라 하기 때문입니다.

부처님: 수보리여, 아라한이 '나는 이제 아라한의 경지에 올랐다'고 생각할 수 있겠느냐?

수보리: 그렇지 않습니다. 세존이시여, 실제 아라한이라 할 만한 법이 없기 때문입니다.
만약 아라한이 '내가 아라한도를 얻었다'는 생각을 낸다면, 이는 아상, 인상, 중생상, 수자상에 집착하고 있는 것입니다.
세존께서는 저를 무쟁삼매를 얻은 사람 가운데 제일이고, 욕망을 여읜 최고의 아라한이라 말씀하시지만, 저는 '나는 아라한의 경지에 올랐다'라는 생각을 하지 않습니다. 만약 제가 그런 생각을 가졌다면, 세존께서는 제가 아란나행을 즐겨한다고 말씀하시지 않았을 것입니다.

第十. 莊嚴淨土分 장엄정토분

불고 수보리 어의운하 여래 석재연등불소
佛告 須菩提 於意云何 如來 昔在燃燈佛所

어법 유소득부 불야 세존 여래재연등불소
於法 有所得不 不也 世尊 如來在燃燈佛所

어법 실무소득 수보리 어의운하 보살 장엄
於法 實無所得 須菩提 於意云何 菩薩 莊嚴

불토부 불야 세존 하이고 장엄불토자 즉비
佛土不 不也 世尊 何以故 莊嚴佛土者 卽非

장엄 시명장엄 시고 수보리 제보살마하살
莊嚴 是名莊嚴 是故 須菩提 諸菩薩摩訶薩

응여시생청정심 불응주색생심 불응주성향
應如是生清淨心 不應住色生心 不應住聲香

미촉법생심 응무소주 이생기심 수보리 비
味觸法生心 應無所住 而生其心 須菩提 譬

여유인 신여수미산왕 어의운하 시신위대부
如有人 身如須彌山王 於意云何 是身爲大不

수보리언 심대 세존 하이고 불설비신 시명

제10장. 불국토의 장엄

부처님: 수보리여, 그대는 어떻게 생각하는가? 여래가 과거 연등불(燃燈佛)의 가르침을 받았을 때, 법에 대하여 얻은 바가 있었겠느냐?

수보리: 없습니다. 세존이시여, 비록 법을 얻으셨으나 또한 실로 얻은 것이 없으니, 본래 제법은 본성이 텅 비어서 얻은 것이 없음을 얻으셨습니다.

부처님: 수보리여, 그대는 어떻게 생각하는가? 보살이 불국토를 아름답게 장엄하는가?

수보리: 세존이시여, 그렇지 않습니다. 왜냐하면 불국토와 불국토의 장엄은 환영과 같아 다만 장엄한다고 일컬어지는 것에 불과할 뿐이기 때문입니다.

부처님: 그러므로 수보리여, 모든 위대한 보살은 마땅히 이와 같이 청정한 마음을 내야 한다.
형색에 머물러 마음을 내어서는 안 되고, 소리·냄새·

須菩提言 甚大 世尊 何以故 佛說非身 是名
대신。
大身

맛·촉감·법에 머물러 마음을 내어서도 안 되나니, 그 어디에도 머무는 곳 없이 그 마음을 내야 하느니라.
수보리여, 비유컨대 어떤 사람의 몸이 산 가운데 가장 큰 수미산(須彌山)만큼 크다고 하자.
그대는 어떻게 생각하는가? 그 몸은 정말 크다고 할 수 있겠느냐?

수보리: 세존이시여, 매우 큽니다.
왜냐하면 부처님께서 말씀하신 것은 결코 실제 있는 큰 몸이 아니고 이름 하여 부르기를 큰 몸이라고 하셨기 때문입니다.

第十一. 無爲福勝分 무위복승분

수보리 여항하중 소유사수 여시사등항하
須菩提 如恒河中 所有沙數 如是沙等恒河

어의운하 시제항하사 영위다부 수보리언
於意云何 是諸恒河沙 寧爲多不 須菩提言

심다 세존 단제항하 상다무수 하황기사
甚多 世尊 但諸恒河 尙多無數 何況其沙

수보리 아금실언 고여 약유선남자 선여인
須菩提 我今實言 告汝 若有善男子 善女人

이칠보 만이소항하사수 삼천대천세계 이용
以七寶 滿爾所恒河沙數 三千大千世界 以用

보시 득복 다부 수보리언 심다 세존 불고
布施 得福 多不 須菩提言 甚多 世尊 佛告

수보리 약선남자선여인 어차경중 내지수지
須菩提 若善男子善女人 於此經中 乃至受持

사구게등 위타인설 이차복덕 승전복덕。
四句偈等 爲他人說 而此福德 勝前福德

제11장. 무위의 복이 수승함

부처님: 수보리여, 항하의 모래 수만큼 많은 항하가 있다면, 그 모든 항하에 있는 모래가 많다고 생각하는가?

수보리: 매우 많습니다. 세존이시여, 항하들만 해도 헤아릴 수 없이 많은데 하물며 항하의 모래 수 이겠습니까?

부처님: 수보리여, 선남자나 선여인이, 이 항하의 모래 수와 같은 삼천대천세계에 칠보를 가득 채워 베풀어 준다면 그 복이 많겠는가?

수보리: 매우 많습니다. 세존이시여!

부처님: 만약 선남자 선여인이 이 경의 내용 중 사구게만이라도 받아지니고 실천하고 다른 사람들을 위해서 설명해 준다면 그로 인해 얻게 될 공덕은 앞선 공덕보다 훨씬 크다.

第十二. 尊重正教分 존중정교분

부차　수보리　수설시경　내지사구게등　당지
復次　須菩提　隨說是經　乃至四句偈等　當知

차처　일체세간천인아수라　개응공양　여불탑
此處　一切世間天人阿修羅　皆應供養　如佛塔

묘　하황유인　진능수지독송　수보리　당지　시
廟　何況有人　盡能受持讀誦　須菩提　當知　是

인　성취최상제일희유지법　약시경전　소재지
人　成就最上第一希有之法　若是經典　所在之

처　즉위유불　약존중제자。
處　卽爲有佛　若尊重弟子

제12장. 올바른 가르침의 존중

부처님: 또한 수보리여, 만약 어떤 사람이 이 경의 가르침을 비록 네 구절로 된 게송이라도 다른 사람을 위해 설해준다면 경전을 설한 그 자리는 온 세계의 하늘 무리와 사람들과 아수라들이 모두 공양하고 예경해야 할 곳이며 마치 부처님의 탑묘와 같을 것이니라. 하물며 어떤 사람이 이 경을 온전히 받아지니고 읽고 외우며 실천한다면 그 공덕이 얼마나 깊고 넓겠느냐!

수보리여, 마땅히 알아야 하느니라. 이러한 사람은 가장 뛰어나고 가장 희유한 법을 성취할 것이다.

이 경전이 있는 곳은 어디든지 부처가 머무는 곳이며 혹은 존중받는 제자들이 머무는 도량이니라.

第十三. 如法受持分 여법수지분

이시 수보리 백불언 세존 당하명차경 아등
爾時 須菩提 白佛言 世尊 當何名此經 我等

운하봉지 불고수보리 시경 명위금강반야
云何奉持 佛告須菩提 是經 名爲金剛般若

바라밀 이시명자 여당봉지 소이자하 수보
波羅密 以是名字 汝當奉持 所以者何 須菩

리 불설반야바라밀 즉비반야바라밀 시명반
提 佛說般若波羅密 卽非般若波羅密 是名般

야바라밀 수보리 어의운하 여래 유소설법
若波羅密 須菩提 於意云何 如來 有所說法

부 수보리 백불언 세존 여래 무소설 수보리
不 須菩提 白佛言 世尊 如來 無所說 須菩提

어의운하 삼천대천세계 소유미진 시위다부
於意云何 三千大千世界 所有微塵 是爲多不

수보리언 심다 세존 수보리 제미진 여래설
須菩提言 甚多 世尊 須菩提 諸微塵 如來說

비미진 시명미진 여래설세계 비세계 시명세

제13장. 법답게 받아 지님

수보리: 세존이시여, 이 경의 이름은 무엇으로 불러야 하오며 저희는 어떻게 이 경을 받아지녀야 합니까?

부처님: 이 경은 모든 번뇌 망상과 고통을 없애주고 해탈에 이르게 해주는 힘이 있으므로 마땅히 '금강반야바라밀경(金剛般若波羅蜜經)'으로 받아지니고 그 깊은 뜻에 따라 수행하여라.
여래가 설한 반야바라밀은 결코 실제로 있는 반야바라밀이 아니고 단지 그 명칭이 반야바라밀이라는 것을 그대는 알아야 하느니라.
수보리여, 그대는 어떻게 생각하는가? 여래가 설한 법이 있는가?

수보리: 세존이시여, 여래께서는 설한 법이 없습니다.

부처님: 수보리여, 그대는 어떻게 생각하는가? 삼천대천 세계를 이루고 있는 미세한 티끌들은 많지 않은가?

수보리: 매우 많습니다. 세존이시여!

非微塵 是名微塵 如來說世界 非世界 是名世

계 수보리 어의운하 가이삼십이상 견여래부
界 須菩提 於意云何 可以三十二相 見如來不

불야 세존 불가이삼십이상 득견여래 하이고
不也 世尊 不可以三十二相 得見如來 何以故

여래설 삼십이상 즉시비상 시명삼십이상 수
如來說 三十二相 卽是非相 是名三十二相 須

보리 약유선남자 선여인 이항하사등신명 보
菩提 若有善男子 善女人 以恒河沙等身命 布

시 약부유인 어차경중 내지수지사구게등 위
施 若復有人 於此經中 乃至受持四句偈等 爲

타인설 기복 심다。
他人說 其福 甚多

부처님: 수보리여, 여래가 말한 이 모든 티끌은 결코 존재하는 것이 아니니 티끌이 아니며 단지 이름하여 티끌이라 부를 뿐이니라. 여래가 말한 세계도 실제로 있는 세계가 아니고 환영으로 만들어진 세계일 뿐이므로 다만 이름 붙여 세계라 부를 뿐이니라.

수보리여, 그대의 생각은 어떠한가? 삼십이상(32가지 신체적 특징)으로 여래를 볼 수 있겠는가?

수보리: 아닙니다. 세존이시여, 삼십이상의 형상을 갖추었다고 해서 여래라고 볼 수 없습니다.
왜냐하면 여래께서 말씀하셨듯이 삼십이상은 참된 모습의 상이 아니며 다만 '삼십이상'이라 이름 붙인 것이기 때문입니다.

부처님: 수보리여, 만약 어떤 선남자나 선여인이 항하의 모래 수만큼 자신의 목숨을 바쳐 보시한다고 하자. 또 어떤 사람은 이 경전 중에서 사구게(四句偈) 한 구절이라도 받아지니고 실천하고 다른 이에게 전한다고 하자. 그러면 이 사람이 쌓는 복덕은 앞선 사람의 보시보다 더욱 크고 깊은 복덕을 얻는다.

第十四. 離相寂滅分 이상적멸분

이시 수보리 문설시경 심해의취 체루비읍
爾時 須菩提 聞說是經 深解義趣 涕淚悲泣

이백불언 희유 세존 불설여시심심경전 아
而白佛言 希有 世尊 佛說如是甚深經典 我

종석래 소득혜안 미증득문 여시지경 세존
從昔來 所得慧眼 未曾得聞 如是之經 世尊

약부유인 득문시경 신심 청정 즉생실상 당
若復有人 得聞是經 信心 淸淨 卽生實相 當

지 시인 성취제일희유공덕 세존 시실상자
知 是人 成就第一希有功德 世尊 是實相者

즉시비상 시고 여래 설명실상 세존 아금 득
卽是非相 是故 如來 說名實相 世尊 我今 得

문여시경전 신해수지 부족위난 약당내세후
聞如是經典 信解受持 不足爲難 若當來世後

오백세 기유중생 득문시경 신해수지 시인
五百歲 其有衆生 得聞是經 信解受持 是人

즉위제일희유 하이고 차인 무아상 무인상

제14장. 상을 떠난 적멸

그때 수보리가 이러한 말씀을 듣고 그 뜻을 깨달아 감격의 눈물을 흘리며 부처님께 말씀드렸다.

수보리: 참으로 희유하십니다. 세존이시여, 저는 예로부터 지혜의 눈을 얻어 수많은 가르침을 접해보았지만 이토록 심오한 경전은 들은 적이 없습니다.
세존이시여, 만약 어떤 사람이 이 가르침을 듣고 믿는 마음이 청정하게 일어난다면 그는 곧 실상(참된 진리)을 깨달을 것이며, 그러한 사람은 마땅히 가장 뛰어나고 놀라운 공덕을 성취할 것입니다.
세존이시여, 이 실상이란 것도 본래 어떤 모습이 있는 것이 아니므로 세존께서는 다만 '실상'이라 이름하신 것입니다.
세존이시여, 오늘날 저는 이 경을 들은 인연으로 인해 깊이 믿고 이해하고 받아 지닐 수 있지만, 오백 년 후에 이 경을 듣고 믿고 이해하고 받아 지니는 이가 있다면 그 사람은 가장 존귀한 사람이 될 것입니다.
왜냐하면 그 사람은 아상도 없고, 인상도 없고, 중생상도 없으며, 수자상도 없기 때문입니다.

즉위제일희유 하이고 차인 무아상 무인상
卽爲第一希有 何以故 此人 無我相 無人相

무중생상 무수자상 소이자하 아상 즉시비
無衆生相 無壽者相 所以者何 我相 卽是非

상 인상 중생상 수자상 즉시비상 하이고 이
相 人相 衆生相 壽者相 卽是非相 何以故 離

일체제상 즉명제불 불고수보리 여시여시 약
一切諸相 卽名諸佛 佛告須菩提 如是如是 若

부유인 득문시경 불경불포불외 당지 시인
復有人 得聞是經 不驚不怖不畏 當知 是人

심위희유 하이고 수보리 여래설 제일바라밀
甚爲希有 何以故 須菩提 如來說 第一波羅密

즉비제일바라밀 시명제일바라밀 수보리 인
卽非第一波羅密 是名第一波羅密 須菩提 忍

욕바라밀 여래설 비인욕바라밀 시명인욕바
辱波羅密 如來說 非忍辱波羅密 是名忍辱波

라밀 하이고 수보리 여아석위가리왕 할절
羅密 何以故 須菩提 如我昔爲歌利王 割截

신체 아어이시 무아상 무인상 무중생상 무

아상도 곧 상이 아니며, 인상, 중생상, 수자상도 참된 상이 아니며, 일체의 모든 상을 여의면 곧 부처라 이름하기 때문입니다.

부처님: 그러하다. 만약 어떤 사람이 이 경을 듣고 놀라워하지 않고 겁내지 않고 두려워하지 않으면 이 사람은 참으로 귀한 사람임을 알아야 한다.
왜냐하면 여래가 말한 제일 바라밀은 본질적으로 제일 바라밀이 아니기 때문에 그것을 일컬어 제일 바라밀이라 하는 것이다. 여래가 설한 제일 바라밀은 취할 수 없으며 말할 수 없는 것이니, 또한 얻을 수 없는 것이다. 따라서 제일 바라밀은 실제 있는 것이 아니며 다만 이름을 그렇게 부른 것일 뿐이니라.
인욕 바라밀도 마찬가지다. 그것 역시 실제 있는 인욕 바라밀이 아니며 단지 그렇게 이름 붙인 것일 뿐이다.
수보리여, 옛날에 내가 가리왕에게 몸을 찢길 때에 나에게는 아상도 없고, 인상도 없고, 중생상도 없고, 수자상도 없었다. 만약 그런 생각이 있었다면, 나는 분노와 원망을 일으켰을 것이다.
과거 오백 생에 걸쳐 내가 인욕선인의 몸을 받아 수행

身體 我於爾時 無我相 無人相 無衆生相 無

수자상 하이고 아어왕석 절절지해시 약유
壽者相 何以故 我於往昔 節節支解時 若有

아상인상중생상수자상 응생진한 수보리 우
我相人相衆生相壽者相 應生嗔恨 須菩提 又

념 과거어오백세 작인욕선인 어이소세 무
念 過去於五百世 作忍辱仙人 於爾所世 無

아상 무인상 무중생상 무수자상 시고 수보
我相 無人相 無衆生相 無壽者相 是故 須菩

리 보살 응리일체상 발아뇩다라삼먁삼보리
薩 菩提 應離一切相 發阿耨多羅三藐三菩提

심 불응주색생심 불응주성향미촉법생심 응
心 不應住色生心 不應住聲香味觸法生心 應

생무소주심 약심유주 즉위비주 시고 불설보
生無所住心 若心有住 卽爲非住 是故 佛說菩

살 심불응주색보시 수보리 보살 위이익일체
薩 心不應住色布施 須菩提 菩薩 爲利益一切

중생 응여시보시 여래설일체제상 즉시비상

할 때에도 나는 늘 모든 상을 떠난 수행자였다. 그러므로 수보리여, 보살이 완전한 깨달음을 얻으려면 모든 견해에서 벗어나야 하느니라. 보살은 형색에 머문 채 마음을 내지 말아야 하며 소리나 냄새, 맛, 감촉, 생각 등 어떤 대상에도 마음을 두지 말아야 한다. 만약 마음에 머묾이 있으면 그것은 곧 머물지 말아야 함이 되느니라. 그런 까닭에 여래는 보살의 마음이란 응당 형색에 머물지 않은 채 보시하는 것이라고 하였느니라. 수보리여, 보살은 일체 중생을 이익 되게 하기 위해 위와 같이 보시해야 하느니라.

또 여래는 모든 상이 곧 상이 아니라 하며 또한 일체중생이란 곧 중생이 아니라 하느니라.

수보리여, 여래는 있는 그대로를 말하며 진실을 말하고 속이는 말이나 다른 말을 하지 않는다. 여래가 깨달은 이 법은 붙잡을 수 있는 것도 아니고 붙잡을 수 없는 허망한 것도 아니니라.

수보리여, 만약 보살이 어떤 상에 머물러 보시한다면 이는 마치 어둠 속에서 아무것도 보지 못하는 것과 같고 상을 떠난 보시를 한다면 눈 밝은 이가 햇빛 아래에서 세상의 모든 것을 환히 보는 것과 같으니라.

衆生 應如是布施 如來說一切諸相 卽是非相
우설일체중생 즉비중생 수보리 여래 시진어
又說一切衆生 卽非衆生 須菩提 如來 是眞語

자 실어자 여어자 불광어자 불이어자 수보
者 實語者 如語者 不誑語者 不異語者 須菩

리 여래 소득법 차법 무실무허 수보리 약보
提 如來 所得法 此法 無實無虛 須菩提 若菩

살 심주어법 이행보시 여인 입암 즉무소견
薩 心住於法 而行布施 如人 入闇 則無所見

약보살 심부주법 이행보시 여인유목 일광
若菩薩 心不住法 而行布施 如人有目 日光

명조 견종종색 수보리 당래지세 약유선남자
明照 見種種色 須菩提 當來之世 若有善男子

선여인 능어차경 수지독송 즉위여래 이불지
善女人 能於此經 受持讀誦 卽爲如來 以佛智

혜 실지시인 실견시인 개득성취 무량무변공덕。
慧 悉知是人 悉見是人 皆得成就 無量無邊功德

수보리여, 미래에 선남자와 선여인이 이 경을 읽고 실천에 옮긴다면 여래는 그 사람을 지혜의 눈으로 지켜보고 살필 것이며 그는 헤아릴 수도 없고 끝도 없는 공덕을 얻게 될 것이니라.

第十五. 持經功德分 지경공덕분

수보리 약유선남자 선여인 초일분 이항하
須菩提 若有善男子 善女人 初日分 以恒河

사등신 보시 중일분 부이항하사등신 보시
沙等身 布施 中日分 復以恒河沙等身 布施

후일분 역이항하사등신 보시 여시무량백천
後日分 亦以恒河沙等身 布施 如是無量百千

만억겁 이신보시 약부유인 문차경전 신심불
萬億劫 以身布施 若復有人 聞此經典 信心不

역 기복 승피 하황서사수지독송 위인해설
逆 其福 勝彼 何況書寫受持讀誦 爲人解說

수보리 이요언지 시경 유불가사의 불가칭
須菩提 以要言之 是經 有不可思議 不可稱

량무변공덕 여래 위발대승자설 위발최상
量無邊功德 如來 爲發大乘者說 爲發最上

승자설 약유인 능수지독송 광위인설 여
乘者說 若有人 能受持讀誦 廣爲人說 如

래 실지시인 실견시인 개득성취불가량

제15장. 경을 수지하는 공덕

부처님: 수보리여, 선남자나 선여인이 한량없는 긴 세월 동안 아침에 항하의 모래 수와 같은 몸과 마음으로 남을 위하여 베풀고 점심에도 항하의 모래 수와 같은 몸과 마음으로 남을 위하여 베풀고 또 저녁에도 항하의 모래 수와 같이 한량없이 많은 몸과 마음으로 베풀었을지라도 다른 어떤 사람이 이 경전을 듣고서 환희심을 낸다면 이 복이 앞선 이의 복보다 크다 할 것이니, 하물며 이 경을 쓰고 실천하고 읽고 외워서 다른 사람을 위해서 설명한다면 그 공덕이 얼마나 크겠느냐!

수보리여, 이 경전은 불가사의하고 헤아릴 수 없는 무한한 공덕을 지니고 있으며 여래는 대승에 발심한 사람을 위해 이 경을 설하였고 최상승에 발심한 이를 위해 이 경을 설하였다.

만일 어떤 사람이 이 경을 받아지니고 읽고 외우며 널리 남에게 설한다면, 여래는 이 사람이 헤아릴 수 없고 말할 수 없으며 한없고 생각할 수 없는 공덕을 성취할 것임을 다 알고 있으며 이와 같은 사람은 여래의 아뇩다라삼먁삼보리를 짊어진 사람이라고 할 수 있느니라.

來　悉知是人　悉見是人　皆得成就不可量

불가칭무유변　불가사의공덕　여시인등　즉위
不可稱無有邊　不可思議功德　如是人等　卽爲

하담여래　아뇩다라삼먁삼보리　하이고　수보
荷擔如來　阿耨多羅三藐三菩提　何以故　須菩

리　약요소법자　착아견인견중생견수자견　즉
提　若樂小法者　着我見人見衆生見壽者見　則

어차경　불능청수독송　위인해설　수보리　재
於此經　不能聽受讀誦　爲人解說　須菩提　在

재처처　약유차경　일체세간천인아수라　소응
在處處　若有此經　一切世間天人阿修羅　所應

공양　당지차처　즉위시탑　개응공경　작례위요
供養　當知此處　卽爲是塔　皆應恭敬　作禮圍繞

이제화향　이산기처。
以諸華香　而散其處

왜냐하면 수보리여, 만일 어떤 사람이 작은 법에 안주하거나 여전히 아견, 인견, 중생견, 수자견에 집착하는 사람은 이 경전을 듣고 지니고 외우며 남을 위해 설명해 주지 못하기 때문이다.

수보리여, 이 경이 있는 곳, 그 곳은 모든 세상 사람이나 하늘 사람이나 아수라가 공양할 것이니라.

이곳은 불탑과 같으니 모두 정성껏 예를 올리고 주변을 돌면서 꽃과 향으로 공양할 지니라.

第十六. 能淨業障分 능정업장분

부차 수보리 선남자 선여인 수지독송차경
復次 須菩提 善男子 善女人 受持讀誦此經

약위인경천 시인 선세죄업 응타악도 이금세
若爲人輕賤 是人 先世罪業 應墮惡道 以今世

인 경천고 선세죄업 즉위소멸 당득아뇩다라
人 輕賤故 先世罪業 卽爲消滅 當得阿耨多羅

삼먁삼보리 수보리 아념 과거무량아승지겁
三藐三菩提 須菩提 我念 過去無量阿僧祇劫

어연등불전 득치팔백사천만억나유타제불
於燃燈佛前 得値八百四千萬億那由他諸佛

실개공양승사 무공과자 약부유인 어후말세
悉皆供養承事 無空過者 若復有人 於後末世

능수지독송차경 소득공덕 어아소공양 제불
能受持讀誦此經 所得功德 於我所供養 諸佛

공덕 백분 불급일 천만억분 내지산수비유
功德 百分 不及一 千萬億分 乃至算數譬喻

소불능급 수보리 약선남자 선여인 어후말

제16장. 능히 업장을 깨끗이 함

부처님: 또한 수보리여, 선남자 선여인이 이 경전을 받아 지니고 읽고 외우고 실천하는 과정에서 그 사람이 만약 다른 사람들에게 비난을 받거나 멸시를 받는다면 그것은 과거 세상에서 지은 죄업으로 인해 본래라면 악도에 떨어졌어야 할 운명이지만, 이번 생에 다른 사람의 천대와 멸시를 받았기 때문에 전생의 죄업이 소멸되고 마침내 아뇩다라삼먁삼보리 즉 완전한 깨달음을 얻게 될 것이니라.

수보리여, 내가 연등 부처님을 만나기 전, 과거 무량한 아승지겁 동안 팔백사천만억 나유타의 여러 부처님에게 공양을 올리고 받들었느니라.

만약 미래의 어떤 사람이 이 경을 받아지니고 외우고 익히며 실천한다면 그 사람이 얻게 될 공덕은 내가 그 수많은 부처님께 공양한 공덕보다도 훨씬 뛰어나서 백의 하나에도 미치지 못하고 천에 하나, 만에 하나, 억에 하나에도 미치지 못하며 더 나아가서 아무리 셈하고 비유하더라도 도저히 그 공덕에 미칠 수 없을 것이다.

수보리여, 미래에 선남자 선여인이 이 경을 받아지니고 외우며 익히고 실천하면 이 사람이 얻게 될 공덕은

所不能及 須菩提 若善男子 善女人 於後末

세 유수지독송차경 소득공덕 아약구설자
世 有受持讀誦此經 所得功德 我若具說者

혹유인 문 심즉광난 호의불신 수보리 당지
或有人 聞 心則狂亂 狐疑不信 須菩提 當知

시경의 불가사의 과보 역불가사의。
是經義 不可思議 果報 亦不可思議

내가 아무리 상세히 말한다 해도 그것을 듣는 이가 있다면 믿지 못하게 될 것이다.
왜냐하면 이 경의 뜻은 상상할 수 없을 만큼 깊고 그 공덕의 과보 또한 헤아릴 수 없기 때문이다.

第十七. 究境無我分 구경무아분

이시 수보리 백불언 세존 선남자 선여인 발
爾時 須菩提 白佛言 世尊 善男子 善女人 發

아뇩다라삼먁삼보리심 운하응주 운하항복
阿耨多羅三藐三菩提心 云何應住 云何降伏

기심 불고수보리 약선남자선여인 발아뇩다
其心 佛告須菩提 若善男子善女人 發阿耨多

라삼먁삼보리심자 당생여시심 아응멸도일체
羅三藐三菩提心者 當生如是心 我應滅度一切

중생 멸도일체중생이 이무유일중생 실멸도
衆生 滅度一切衆生已 而無有一衆生 實滅度

자 하이고 수보리 약보살 유아상인상중생
者 何而故 須菩提 若菩薩 有我相人相衆生

상 수자상 즉비보살 소이자하 수보리 실무
相 壽者相 卽非菩薩 所以者何 須菩提 實無

유법 발아뇩다라삼먁삼보리심자 수보리 어
有法 發阿耨多羅三藐三菩提心者 須菩提 於

제17장. 궁극의 가르침, 무아

수보리: 세존이시여, 선남자 선여인이 완전한 깨달음을 얻고자 한다면 어떻게 살아야 하며 어떻게 그 마음을 다스려야 합니까?

부처님: 수보리여, 완전한 깨달음을 얻고자 하는 사람은 다음과 같이 마음을 내야 한다.
'나는 모든 중생을 완전한 깨달음의 길로 인도할 것이다.' 그리하여 일체 중생을 모두 해탈로 인도하였더라도 '내가 열반에 이르도록 제도한 중생은 하나도 없다.'라고 여겨야 한다. 열반에 이르도록 제도한 사람도 없으며, 제도된 중생 또한 모두 존재하지 않느니라.
왜냐하면 수보리여, 만약 보살이 아상, 인상, 중생상, 수자상을 가지고 있다면, 그는 진정한 보살이 아니다. 그것은 수보리여, 실제로는 완전한 깨달음의 마음을 일으킬 법이 없기 때문이니라.
수보리여, 그대는 어떻게 생각하느냐? 여래가 과거 연등불 처소에 있을 때 얻은 완전한 깨달음이라 할 법이 있었는가?

의운하 여래 어연등불소 유법 득아뇩다라
意云何 如來 於燃燈佛所 有法 得阿耨多羅

삼먁삼보리부 불야 세존 여아해불소설의
三藐三菩提不 不也 世尊 如我解佛所說義

불 어연등불소 무유법 득아뇩다라삼먁삼보
佛 於燃燈佛所 無有法 得阿耨多羅三藐三菩

리 불언 여시여시 수보리 실무유법 여래 득
提 佛言 如是如是 須菩提 實無有法 如來 得

아뇩다라삼먁삼보리 수보리 약유법 여래득
阿耨多羅三藐三菩提 須菩提 若有法 如來得

아뇩다라삼먁삼보리자 연등불 즉불여아
阿耨多羅三藐三菩提者 燃燈佛 卽不與我

수기 여어래세 당득작불 호 석가모니 이실
授記 汝於來世 當得作佛 號 釋迦牟尼 以實

무유법 득아뇩다라삼먁삼보리 시고 연등
無有法 得阿耨多羅三藐三菩提 是故 燃燈

불 여아수기 작시언 여어래세 당득작불 호
佛 與我授記 作是言 汝於來世 當得作佛 號

수보리: 아닙니다. 세존이시여, 제가 부처님께서 말씀하신 뜻을 이해한 바로는 부처님께서 연등불 처소에 계실 때 완전한 깨달음을 얻었다고 할 만한 법은 존재하지 않습니다.

부처님: 네 말이 옳다. 수보리여, 여래가 완전한 깨달음을 얻었다고 할 만한 법은 실로 존재하지 않는다. 그런 것이 있었다면 연등불께서 나에게 '그대는 미래세에 부처가 되어 이름을 석가모니라 하리라.'라는 수기를 내리지 않았을 것이다. 완전한 깨달음이라고 불리는 것은 얻을 수가 없는 것이기 때문에 이러한 수기를 내리신 것이니라.

왜냐하면 여래는 여여한 모든 법을 뜻하기 때문이다. 만일 어떤 사람이 '여래가 완전한 깨달음을 얻었다.'고 말한다면 그 말은 옳지 않다. 왜냐하면 완전한 깨달음을 얻었다고 할 법은 실제로 존재하지 않기 때문이니라. 수보리여, 여래가 성취한 완전한 깨달음은 실체가 있는것도 아니고, 허망한 것도 아니다. 그런 까닭으로 여래는 모든 법이 곧 깨달음의 법이라 말한 것이니라. 수보리여, 일체 법이라고 말할 때, 그것은 곧 일체 법이

석가모니 하이고 여래자 즉제법 여의 약유
釋迦牟尼 何以故 如來者 卽諸法 如義 若有

인 언 여래득아뇩다라삼먁삼보리 수보리 실
人 言 如來得阿耨多羅三藐三菩提 須菩提 實

무유법 불 득아뇩다라삼먁삼보리 수보리
無有法 佛 得阿耨多羅三藐三菩提 須菩提

여래 소득아뇩다라삼먁삼보리 어시중 무실
如來 所得阿耨多羅三藐三菩提 於是中 無實

무허 시고 여래설일체법 개시 불법 수보
無虛 是故 如來說一切法 皆是 佛法 須菩

리 소언일체법자 즉비일체법 시고 명 일체
提 所言一切法者 卽非一切法 是故 名 一切

법 수보리 비여인신 장대 수보리언 세존 여
法 須菩提 譬如人身 長大 須菩提言 世尊 如

래설 인신장대 즉위비대신 시명대신 수보리
來說 人身長大 卽爲非大身 是名大身 須菩提

보살 역여시 약작시언 아당멸도무량중생 즉
菩薩 亦如是 若作是言 我當滅度無量衆生 卽

아닌 것이므로 이름하여 '일체 법'이라 하는 것이니라. 수보리여, 이는 비유하자면 어떤 사람의 몸이 매우 큰 것과 같다.

수보리: 세존이시여, 여래께서 사람의 몸이 매우 크다고 하신 것은 곧 큰 몸이 아니기에 이를 '큰 몸'이라 이름한 것입니다.

부처님: 수보리여, 보살도 이와 같느니라.
'나는 무량한 중생을 제도하리라.'라고 생각한다면, 그는 보살이라 할 수 없다.
왜냐하면, 보살이라 할 만한 법이 실제로는 없기 때문이니라. 그러므로 여래가 설하기를 모든 법에는 아상도 없고, 인상도 없고, 중생상도 없고, 수자상도 없다고 하였느니라.
수보리여, 만약 어떤 보살이 "나는 부처님의 세계를 장엄하리라."라고 말한다면, 그는 보살이라 할 수 없다.
왜냐하면 여래가 말한 '불국토를 장엄한다.'는 것도 실상 장엄이 아니며, 이름하여 장엄이라 부를 뿐이기 때문이다.

불명보살 하이고 수보리 실무유법 명위보
不名菩薩 何以故 須菩提 實無有法 名爲菩

살 시고 불설일체법 무아 무인 무중생 무수
薩 是故 佛說一切法 無我 無人 無衆生 無壽

자 수보리 약보살 작시언 아당장엄불토 시
者 須菩提 若菩薩 作是言 我當莊嚴佛土 是

불명보살 하이고 여래설장엄불토자 즉비장
不名菩薩 何以故 如來說莊嚴佛土者 卽非莊

엄 시명장엄 수보리 약보살 통달무아법자
嚴 是名莊嚴 須菩提 若菩薩 通達無我法者

여래 설명진시보살。
如來 說名眞是菩薩

수보리여, 만약 보살이 무아(無我)의 법에 통달하여 모든 법은 성품이 비었다는 뜻을 깨달으면 여래는 그를 진정한 보살이라 하느니라.

第十八. 一體同觀分 일체동관분

수보리 어의운하 여래 유육안부 여시 세존
須菩提 於意云何 如來 有肉眼不 如是 世尊

여래 유육안 수보리 어의운하 여래 유천안
如來 有肉眼 須菩提 於意云何 如來 有天眼

부 여시 세존 여래유천안 수보리 어의운하
不 如是 世尊 如來有天眼 須菩提 於意云何

여래 유혜안부 여시 세존 여래 유혜안 수보
如來 有慧眼不 如是 世尊 如來 有慧眼 須菩

리 어의운하 여래 유법안부 여시 세존 여래
提 於意云何 如來 有法眼不 如是 世尊 如來

유법안 수보리 어의운하 여래 유불안부 여
有法眼 須菩提 於意云何 如來 有佛眼不 如

시 세존 여래 유불안 수보리 어의운하 여항
是 世尊 如來 有佛眼 須菩提 於意云何 如恒

하중소유사 불설시사부 여시 세존 여래설시
河中所有沙 佛說是沙不 如是 世尊 如來說是

제18장. 일체를 동일하게 보다

부처님: 수보리여, 여래는 육안이 있다고 생각하는가?

수보리: 그렇습니다. 세존이시여, 여래는 육안이 있습니다.

부처님: 수보리여, 여래는 천안이 있다고 생각하는가?

수보리: 그렇습니다. 세존이시여, 여래는 천안이 있습니다.

부처님: 수보리여, 여래는 혜안이 있다고 생각하는가?

수보리: 그렇습니다. 세존이시여, 여래는 혜안이 있습니다.

부처님: 수보리여, 여래는 법안이 있다고 생각하는가?

수보리: 그렇습니다. 세존이시여, 여래는 법안이 있습니다.

부처님: 수보리여, 여래는 불안이 있다고 생각하는가?

수보리: 그렇습니다. 세존이시여, 여래는 불안이 있습니다.

부처님: 수보리여, 그대는 어떻게 생각하는가? 여래는 항하의 모래에 대해 설하였느냐?

수보리: 그렇습니다. 세존이시여, 여래께서 그 많은 모래

사 수보리 어의운하 여일항하중소유사 유
沙 須菩提 於意云何 如一恒河中所有沙 有

여시사등항하 시제항하소유사수 불세계 여
如是沙等恒河 是諸恒河所有沙數 佛世界 如

시 영위다부 심다 세존 불고수보리 이소국
是 寧爲多不 甚多 世尊 佛告須菩提 爾所國

토중 소유중생 약간종심 여래실지 하이고
土中 所有衆生 若干種心 如來悉知 何以故

여래설제심 개위비심 시명위심 소이자하 수
如來說諸心 皆爲非心 是名爲心 所以者何 須

보리 과거심불가득 현재심불가득 미래심불
菩提 過去心不可得 現在心不可得 未來心不

가득。
可得

에 대해 말씀하셨습니다.

부처님: 수보리여, 그대는 어떻게 생각하는가? 만약 한 항하에 있는 모래의 수만큼 또 다른 항하가 있고, 그 많은 항하에 있는 모래의 수로 불국토가 만들어졌다고 하면 그 불세계들은 많다고 할 수 있겠느냐?

수보리: 매우 많습니다. 세존이시여!

부처님: 수보리여, 그 국토 안에 있는 모든 중생들이 갖가지 마음을 지니고 있으나 여래는 그 모든 마음을 알고 있느니라. 어찌하여 모든 중생의 마음을 알 수 있겠느냐. 모든 중생의 마음은 실상 가운데 있는 진정한 마음이 아니고, 이름하여 마음이라 부를 뿐이기 때문이니라. 왜냐하면 수보리여, 본성에서 과거의 마음도 붙잡을 수 없고, 현재의 마음도 붙잡을 수 없으며, 미래의 마음도 또한 붙잡을 수 없기 때문이다.

第十九. 法界通化分 법계통화분

수보리 어의운하 약유인 만삼천대천세계칠
須菩提 於意云何 若有人 滿三千大千世界七

보 이용보시 시인 이시인연 득복 다부 여시
寶 以用布施 是人 以是因緣 得福 多不 如是

세존 차인 이시인연 득복 심다 수보리 약복
世尊 此人 以是因緣 得福 甚多 須菩提 若福

덕 유실 여래불설득복덕다 이복덕 무고 여
德 有實 如來不說得福德多 以福德 無故 如

래설득복덕다。
來說得福德多

제19장. 법계를 다 교화하다

부처님: 수보리여, 그대는 어떻게 생각하느냐? 만약 어떤 사람이 삼천대천세계를 칠보로 가득히 채워 그것으로 보시한다면 그 사람은 이러한 인연으로 인해 많은 복덕을 얻게 되겠느냐?

수보리: 그렇습니다. 세존이시여, 그 사람은 이와 같은 인연으로 인해 큰 복덕을 얻게 될 것입니다.

부처님: 수보리여, 그러나 만약 그 복덕의 실체가 있다면 여래는 '많은 복덕을 얻었다.'고 말하지 않았을 것이다. 그 복덕은 실체가 없기 때문에 여래는 '많은 복덕을 얻었다.'고 말한 것이다.

第二十. 離色離相分 이색이상분

수보리 어의운하 불 가이구족색신 견부 불
須菩提 於意云何 佛 可以具足色身 見不 不

야 세존 여래 불응이구족색신 견 하이고 여
也 世尊 如來 不應以具足色身 見 何以故 如

래설 구족색신 즉비구족색신 시명구족색신
來說 具足色身 卽非具足色身 是名具足色身

수보리 어의운하 여래 가이구족제상 견부
須菩提 於意云何 如來 可以具足諸相 見不

불야 세존 여래 불응이구족제상 견 하이고
不也 世尊 如來 不應以具足諸相 見 何以故

여래설제상구족 즉비구족 시명제상구족。
如來說諸相具足 卽非具足 是名諸相具足

제20장. 색과 상을 여의다

부처님: 수보리여, 그대는 어떻게 생각하는가? 신체적 특징을 온전히 갖추었다 하여 여래라 볼 수 있겠는가?

수보리: 세존이시여, 신체적 특징을 온전히 갖추었다고 하여 여래라 볼 수는 없습니다. 신체적 특징을 온전히 갖추었다는 것은 신체적 특징을 온전히 갖추었다는 것이 아니라, 다만 이름하여 '신체적 특징을 온전히 갖추었다.'고 하기 때문입니다.

부처님: 수보리여, 그대는 어떻게 생각하는가? 여래를 완전한 모습의 상으로 볼 수 있겠는가?

수보리: 아닙니다. 세존이시여, 여래를 완전한 모습의 상을 갖춘 외면의 상으로 볼 수 없습니다. 왜냐하면 완전한 모습의 상을 갖추었다고 하는 것은 실상 가운데 결코 성립되지 못하며, 단지 명칭으로 '완전한 모습의 상'이라고 이름하기 때문입니다.

第二十一. 非說所說分 비설소설분

수보리 여물위 여래작시념 아당유소설법 막
須菩提 汝勿謂 如來作是念 我當有所說法 莫

작시념 하이고 약인 언 여래유소설법 즉위
作是念 何以故 若人 言 如來有所說法 卽爲

방불 불능해아소설고 수보리 설법자 무법
謗佛 不能解我所說故 須菩提 說法者 無法

가설 시명설법 이시 혜명수보리 백불언 세
可說 是名說法 爾時 慧命須菩提 白佛言 世

존 파유중생 어미래세 문설시법 생신심부
尊 頗有衆生 於未來世 聞說是法 生信心不

불언 수보리 피비중생 비불중생 하이고 수
佛言 須菩提 彼非衆生 非不衆生 何以故 須

보리 중생중생자 여래설 비중생 시명중생.
菩提 衆生衆生者 如來說 非衆生 是名衆生

제21장. 설해도 설한 것이 아니다

부처님: 수보리여, 그대는 여래가 '나는 중생을 위하여 갖가지 법을 설하였다.'라는 생각을 한다고 말해서는 안 되느니라.

왜냐면 "여래께서 설한 법이 있다."라고 말한다면, 여래를 비방하는 것이 되며, 내가 설한 바를 이해하지 못한 것이니라.

수보리여, 법을 설한다는 것은 실제로 설할 만한 어떠한 법이 없다는 것이니 다만 '법을 설한다'라고 이름 붙여 말하는 것이니라.

수보리: 세존이시여, 먼 미래세에도 이 법을 듣고 믿음을 내는 중생이 있겠습니까?

부처님: 수보리여, 중생의 본성은 얻을 수 없는 것이니, 본래 중생이 없는 것이요, 단지 세속 가운데 꿈과 같은 환상에서 중생으로 변한 것이 있을 뿐이니라.

왜냐하면 인연으로 생겨난 중생은 여래가 말한 중생이 결코 아니고, 다만 이름하여 중생이라고 부를 뿐이니라.

第二十二. 無法可得分 무법가득분

수보리 백불언 세존 불득아뇩다라삼먁삼보
須菩提 白佛言 世尊 佛得阿耨多羅三藐三菩

리 위무소득야 불언 여시여시 수보리 아어
提 爲無所得耶 佛言 如是如是 須菩提 我於

아뇩다라삼먁삼보리 내지무유소법가득 시
阿耨多羅三藐三菩提 乃至無有少法可得 是

명아뇩다라삼먁삼보리。
名阿耨多羅三藐三菩提

제22장. 법 가히 얻을 것이 없음

수보리: 세존이시여, 부처님께서 얻으신 완전한 깨달음은 얻은 바가 없는 것입니까?

부처님: 그러하다. 수보리여, 내겐 완전한 깨달음 내지는 얻었다 할 만한 조금의 법도 존재하지 않나니, 그것이 완전한 깨달음 즉 아뇩다라삼먁삼보리라 이름 되느니라.

第二十三. 淨心行善分 정심행선분

부차 수보리 시법 평등무유고하 시명아뇩
復次 須菩提 是法 平等 無有高下 是名阿耨

다라삼먁삼보리 이무아무인무중생무수자
多羅三藐三菩提 以無我無人無衆生無壽者

수일체선법 즉득아뇩다라삼먁삼보리 수보
修一切善法 卽得阿耨多羅三藐三菩提 須菩

리 소언선법자 여래설 즉비선법 시명선법.
提 所言善法者 如來說 卽非善法 是名善法

제23장. 청정한 마음으로 선을 행함

부처님: 수보리여, 이 법은 평등하여 높고 낮음이 없으므로 이것을 아뇩다라삼먁삼보리라 이름하느니라.
아상도 없고, 인상도 없고, 중생상도 없고, 수자상도 없다는 이 네 가지 상이 없는 마음으로 일체의 선한 법을 닦으면 곧 아뇩다라삼먁삼보리를 얻으리라.
수보리여, 이른바 선한 법이라는 것은 여래가 곧 선한 법이 아니라 말하였으니 그것이 선법이라 이름 되는 것이니라.

第二十四. 福智無比分 복지무비분

수보리 약삼천대천세계중 소유제수미산왕
須菩提 若三千大千世界中 所有諸須彌山王

여시등칠보취 유인 지용보시 약인 이차반야
如是等七寶聚 有人 持用布施 若人 以此般若

바라밀경 내지사구게등 수지독송 위타인설
波羅密經 乃至四句偈等 受持讀誦 爲他人說

어전복덕 백분 불급일 백천만억분 내지산수
於前福德 百分 不及一 百千萬億分 乃至算數

비유 소불능급。
譬喻 所不能及

제24장. 경전 수지의 복덕

부처님: 수보리여, 만약 삼천대천세계 존재하는 수미산과 같은 큰 산들이 가득하고 그 산들만큼이나 많은 칠보를 모아서 누군가가 그것을 전부 보시하더라도, 또 다른 어떤 사람이 이 반야바라밀경에서 네 구절이라도 받아 실천하고 읽고 외우며, 다른 사람을 위해 설해 준다면, 이 두 사람이 쌓는 복덕을 비교하였을 때, 후자의 복덕이 전자의 복덕보다 헤아릴 수 없이 크고 깊으며, 백 분의 일도, 천 분의 일도, 억 분의 일도 미치지 못할 정도로 비교할 수 없느니라.

第二十五. 化無所化分 화무소화분

수보리 어의운하 여등 물위여래작시념 아당
須菩提 於意云何 汝等 勿謂如來作是念 我當

도중생 수보리 막작시념 하이고 실무유중생
度眾生 須菩提 莫作是念 何以故 實無有眾生

여래도자 약유중생 여래도자 여래 즉유아인
如來度者 若有眾生 如來度者 如來 卽有我人

중생수자 수보리 여래설 유아자 즉비유아
眾生壽者 須菩提 如來說 有我者 卽非有我

이범부지인 이위유아 수보리 범부자 여래설
而凡夫之人 以爲有我 須菩提 凡夫者 如來說

즉비범부 시명범부。
卽非凡夫 是名凡夫

제25장. 교화하되 교화한 바가 없다

부처님: 그대들은 여래가 '나는 반드시 중생을 제도하리라'라는 생각을 한다고 여겨서는 안 되느니라. 수보리여, 그런 생각을 하지 말아라.

왜냐하면 제도할 중생이란 실로 존재하지 않기 때문이니라. 만일 여래가 제도할 중생이 있다고 하면 여래는 곧 아상, 인상, 중생상, 수자상에 집착하고 있는 것이니라.

수보리여, 여래가 '나(我)'가 있다고 설한 것은 진실한 의미에서는 결코 나(我)가 없는 것이요, 범부가 착각하여 '나(我)'가 있다고 생각해 각종 집착이 일어나는 것이다. 수보리여, 이러한 범부라는 것도 여래가 말한 것은 진실로 존재하는 범부가 아니라 이름하여 범부라 한 것이니라.

第二十六. 法身非相分 법신비상분

수보리어의운하 가이삼십이상 관여래부 수
須菩提於意云何 可以三十二相 觀如來不 須

보리언 여시여시 이삼십이상 관여래 불언
菩提言 如是如是 以三十二相 觀如來 佛言

수보리 약이삼십이상 관여래자 전륜성왕 즉
須菩提 若以三十二相 觀如來者 轉輪聖王 卽

시여래 수보리 백불언 세존 여아해불소설의
是如來 須菩提 百佛言 世尊 如我解佛所說義

불응이삼십이상 관여래 이시 세존 이설게언
不應以三十二相 觀如來 爾時 世尊 而說偈言

약이색견아 이음성구아 시인행사도 불능견
若以色見我 以音聲求我 是人行邪道 不能見

여래。
如來

제26장. 법신은 상이 아니다

부처님: 수보리여, 그대는 어떻게 생각하는가? 32상(相)을 갖춘 모습을 통해 여래를 볼 수 있겠느냐?

수보리: 그렇습니다. 세존이시여, 32상의 신체적 특징으로 여래를 볼 수 있습니다.

부처님: 수보리여, 만약 32상으로 여래를 본다면, 전륜성왕도 여래라 할 수 있지 않겠느냐?

수보리: 세존이시여, 제가 부처님께서 말씀하신 뜻을 이해한 바로는 32 가지 신체적 특징을 가지고는 여래를 볼 수 없습니다.

그때 세존께서 게송으로 말씀하셨다.

부처님: 형상으로 나를 보려 하거나,
음성으로 나를 구하려 한다면,
그릇된 길을 가는 것이니,
결코 여래를 볼 수 없으리.

第二十七. 無斷無滅分 무단무멸분

수보리 여 약작시념 여래 불이구족상고 득
須菩提 汝 若作是念 如來 不以具足相故 得

아뇩다라삼먁삼보리 수보리 막작시념 여래
阿耨多羅三藐三菩提 須菩提 莫作是念 如來

불이구족상고 득아뇩다라삼먁삼보리 수보
不以具足相故 得阿耨多羅三藐三菩提 須菩

리 여 약작시념 발아뇩다라삼먁삼보리심자
提 汝 若作是念 發阿耨多羅三藐三菩提心者

설제법 단멸 막작시념 하이고 발아뇩다라삼
說諸法 斷滅 莫作是念 何以故 發阿耨多羅三

먁삼보리심자 어법 불설단멸상。
藐三菩提心者 於法 不說斷滅相

제27장. 단절과 소멸의 초월

부처님: 수보리여, 만약 '여래는 모든 상을 갖추었기 때문에 완전한 깨달음을 얻었다.'라고 생각한다면 그것은 옳지 않느니라. 여래는 모든 상을 갖추었기에 완전한 깨달음을 얻은 것이 아니기 때문이다. 마찬가지로 그대는 '여래가 모든 상을 갖추지 않은 연고로 완전한 깨달음을 얻었다'라고도 생각하지 말라. 이러한 생각 역시 잘 못된 것이니라.

또 수보리여, '완전한 깨달음의 마음을 낸 사람은 모든 일체의 법이 단절되고 소멸된 것으로 여겨야한다.'라고도 생각하지 말아라.

왜냐하면, 완전한 깨달음의 마음을 낸 사람은 모든 법에 대해 '끊어지고 멸해진 것'이라는 상(相)으로 말하지 않기 때문이다.

第二十八. 不受不貪分 불수불탐분

수보리 약보살 이만항하사등 세계 칠보 지
須菩提 若菩薩 以滿恒河沙等 世界 七寶 持

용보시 약부유인 지일체법무아 득성어인 차
用布施 若復有人 知一切法無我 得成於忍 此

보살 승전보살 소득공덕 하이고 수보리 이
菩薩 勝前菩薩 所得功德 何以故 須菩提 以

제보살 불수복덕고 수보리 백불언 세존 운
諸菩薩 不受福德故 須菩提 白佛言 世尊 云

하보살 불수복덕 수보리 보살 소작복덕 불
何菩薩 不受福德 須菩提 菩薩 所作福德 不

응탐착 시고 설불수복덕。
應貪着 是故 說不受福德

제28장. 탐착없는 복덕

부처님: 수보리여, 만약 어떤 보살이 항하의 모래알처럼 많은 세계를 가득 채운 칠보를 모아 보시를 한다 하더라도, 만약 어떤 사람이 일체의 법이 본래 무아(無我)임을 알아 무아의 진리를 바탕으로 인욕을 이루었다면, 앞의 보살보다 더 뛰어난 공덕을 얻을 것이다.
왜 그러한가 하면, 그 이유는 보살이 공덕을 쌓더라도 그 공덕을 자신이 얻는다거나 붙잡는 일이 없기 때문이니라.

수보리: 세존이시여, 어째서 보살은 공덕을 받고도 그것을 누리지 않습니까?

부처님: 보살은 복덕을 짓되 그 복덕에 탐착하지 않으므로 복덕을 누리지 않는다고 말한 것이니라.

第二十九. 威儀寂靜分 위의적정분

수보리 약유인 언 여래 약래약거약좌약와
須菩提 若有人 言 如來 若來若去若坐若臥

시인 불해아소설의 하이고 여래자 무소종래
是人 不解我所說義 何以故 如來者 無所從來

역무소거 고명여래。
亦無所去 故名如來

제29장. 오고감이 없는 여래

부처님: 수보리여, 만약 어떤 사람이 말하기를 "여래는 온다거나, 간다거나, 앉는다거나, 눕는다."라고 한다면, 그 사람은 내가 설한 진정한 뜻을 제대로 이해하지 못한 것이다.

왜 그런가 하면 여래라는 존재는 어디서 온 바도 없고, 어디로 간 바도 없기 때문이다. 그래서 여래라 부르는 것이니라.

第三十. 一合理相分 일합리상분

수보리 약선남자 선여인 이삼천대천세계 쇄
須菩提 若善男子 善女人 以三千大千世界 碎

위미진 어의운하 시미진중 영위다부 수보리
爲微塵 於意云何 是微塵衆 寧爲多不 須菩提

언 심다 세존 하이고 약시미진중 실유자 불
言 甚多 世尊 何以故 若是微塵衆 實有者 佛

즉불설 시미진중 소이자하 불설미진중 즉비
卽不說 是微塵衆 所以者何 佛說微塵衆 卽非

미진중 시명미진중 세존 여래소설 삼천대천
微塵衆 是名微塵衆 世尊 如來所說 三千大千

세계 즉비세계 시명세계 하이고 약세계 실
世界 卽非世界 是名世界 何以故 若世界 實

유자 즉시일합상 여래설 일합상 즉비일합상
有者 卽是一合相 如來說 一合相 卽非一合相

시명일합상 수보리 일합상자 즉시 불가설
是名一合相 須菩提 一合相者 卽是 不可說

단범부지인 탐착기사。
但凡夫之人 貪着其事

제30장. 부분과 전체의 참 모습

부처님: 수보리여, 만약 어떤 선남자나 선여인이 삼천대천세계를 부수어 미진(아주 작은 티끌)으로 만들었다고 하자. 그대는 어떻게 생각하는가? 그 미진들은 매우 많다고 할 수 있지 않겠느냐?

수보리: 매우 많습니다. 세존이시여, 만약 그 미진들이 진정한 본질을 가졌다면 부처님께서 그것을 미진이라고 부르지 않았을 것입니다. 그러므로 부처님께서 말씀하신 미진이란, 진정한 미진이 아니며, 다만 이름하여 미진이라 부르는 것입니다.
부처님께서 말씀하신 삼천대천세계 역시 실체 있는 세계가 아니며 이름하여 세계라 부를 뿐입니다. 왜냐하면 만약 그 세계라는 것이 실체가 있다면, 그것은 하나로 결합된 상이 되는 것입니다. 부처님께서 말씀하신 일합상은 실제 있는 일합상이 아니라 이름하여 '일합상'일 뿐입니다.

부처님: 수보리여, 이 일합상이라는 것은 단지 표현에 불과하며 그것의 진정한 의미는 말로 설명될 수 없는 것이다. 다만 범부들이 형식적인 말에 집착할 따름이니라.

第三十一. 知見不生分 지견불생분

수보리 약인 언 불설아견인견중생견 수자견
須菩提 若人 言 佛說我見人見衆生見 壽者見

수보리 어의운하 시인 해아소설의부 불야
須菩提 於意云何 是人 解我所說義不 不也

세존 시인 불해여래소설의 하이고 세존 설
世尊 是人 不解如來所說義 何以故 世尊 說

아견인견중생견수자견 즉비아견인견중생견
我見人見衆生見壽者見 卽非我見人見衆生見

수자견 시명아견인견중생견수자견 수보리
壽者見 是名我見人見衆生 見壽者見 須菩提

발아뇩다라삼먁삼보리심자 어일체법 응여시
發阿耨多羅三藐三菩提心者 於一切法 應如是

지 여시견 여시신해 불생법상 수보리 소언
知 如是見 如是信解 不生法相 須菩提 所言

법상자 여래설 즉비법상 시명법상。
法相者 如來說 卽非法相 是名法相

제31장. 내지 말아야 할 관념

부처님: 수보리여, 어떤 사람이 말하기를 "부처님께서 아상, 인상, 중생상, 수자상에 대해 말씀하셨다."라고 한다면, 그 사람은 내가 설한 바의 뜻을 올바로 이해한 것이라고 할 수 있겠느냐?

수보리: 아닙니다. 세존이시여, 왜냐하면 부처님께서 말씀하신 아상, 인상, 중생상, 수자상이라는 네 가지 상은 결코 진실로 존재하는 것이 아니고 다만 방편으로 이름 붙여진 것일 뿐이기 때문입니다.

부처님: 수보리여, 완전한 깨달음의 마음을 일으키는 사람은 모든 법이 이와 같다는 것을 알고, 보고, 믿고, 이해하며 법의 개념에 사로잡히지 않아야 한다.
수보리여, 여래가 말한 법의 개념이란 사실 법의 개념이 아니므로 그것을 법의 개념(법상)이라 이름하는 것이니라.

第三十二. 應化非眞分 응화비진분

수보리 약유인 이만무량아승지세계칠보 지
須菩提 若有人 以滿無量阿僧祇世界七寶 持

용보시 약유선남자 선여인 발보살심자 지어
用布施 若有善男子 善女人 發菩薩心者 持於

차경 내지사구게등 수지독송 위인연설 기복
此經 乃至四句偈等 受持讀誦 爲人演說 其福

승피 운하위인연설 불취어상 여여부동 하이
勝彼 云何爲人演說 不取於相 如如不動 何以

고 일체유위법 여몽환포영 여로역여전 응
故 一切有爲法 如夢幻泡影 如露亦如電 應

작여시관 불설시경이 장로수보리 급제비구
作如是觀 佛說是經已 長老須菩提 及諸比丘

비구니 우바새 우바이 일체세간 천인아수라
比丘尼 優婆塞 優婆夷 一切世間 天人阿修羅

문불소설 개대환희 신수봉행。
聞佛所說 皆大歡喜 信受奉行

요진(姚秦) 천축삼장 구마라집(鳩摩羅什) 역

제32장. 관념을 떠난 교화

부처님: 수보리여, 만약 어떤 사람이 무량 아승지 세계를 가득 채운 칠보로 보시한다 하더라도, 어떤 선남자 선여인이 보살의 마음을 일으켜 이 경전을 지니고, 읽고, 외우고, 실천하며 다른 사람을 위해 그중 네 구절의 게송이라도 잘 풀어 설명해 줄 수 있다면, 그 사람이 얻는 복덕은 앞선 보시를 한 사람보다 더욱 크고 깊을 것이다.

어떤 마음가짐으로 이것을 설해야 하는가?

상(相)에 집착하지 말고 있는 그대로 말하되, 흔들림이 없어야 할 것이니라.

왜냐하면, 모든 유위법(인연 따라 생겨난 법)은 마치 꿈과 같고 환영과 같으며, 물거품과 그림자 같고, 이슬과 번개와 같으니, 마땅히 이와 같이 관할 지니라.

부처님께서 이 경을 설하시자, 장로 수보리와 모든 비구, 비구니, 우바새(남자 재가자), 우바이(여자 재가자), 천상과 인간, 아수라 등 일체 세간의 중생들이 모두 크게 기뻐하며 믿고 받아지니고 그 말씀을 따라 실천하였다.

금강반야바라밀경
金剛般若波羅蜜經

주요 용어 해석

제1장

- 여시아문(如是我聞): 이와 같이 나는 들었다는 뜻으로, 부처님의 설법을 직접 들은 아난 존자가 경전을 전할 때 사용하는 문장. 경전의 시작을 알림.
- 사위국(舍衛國): 고대 인도의 도시. 부처님이 자주 머무셨던 중심 도량 중 하나. 현재의 인도 우타르프라데시 지역.
- 기수급고독원(祇樹給孤獨園): 기원정사의 정식 명칭. 석가모니 부처님께서 재세 시 설법을 행하신 대표적인 장소 중 하나.
- 걸식(乞食): 걸식은 단순한 구걸이 아니라 자기 고집과 교만을 깨뜨리는 수행. 세속 사람들에게 '공덕(공양할 수 있는 기회)'을 줌.
- 차제걸이(次第乞已): 차례로 걸식한다는 뜻. 부처님과 제자들은 하루 한 번만(오전 9시에서 11시사이) 식사를 함. 한 끼 식사를 위해 부처님과 수행자들이 걸식을 하는데 어떤 제자는 가난한 집에 피해를 주지 않기 위해 부잣집만 갔고, 어떤 제자는 가난한 사람에게 복을 짓게 하기 위해 가난한 집만 골라서 걸식하였다고 한다. 이를 보신 부처님께서는 가난한 집과 부잣집을 구별하지 말고 차례로 걸식하되 음식을 얻지 못하더라도 일곱 집을 넘지 않게하여 부자와 가난한 이를 모두 평등하게 진리의 세계로 인도하고,

또 수행인들의 분별하는 마음을 차단하여 대승 수행의 차원으로 걸식을 함.

- 반사흘(飯食訖): '밥을 먹고 마치다'의 뜻. 한국 불교의 전통적 불경 독송 방식에 따라 '반사흘'로 표기함.

제2장

- 수보리(須菩提): 공(空)의 이치를 가장 잘 깨달은 제자.
- 아뇩다라삼먁삼보리(阿耨多羅三藐三菩提): '무상정등정각'이라는 뜻으로, 최고의 깨달음.
- 항복기심(降伏其心): 자신의 마음을 잘 다스리고 굴복시킴. 번뇌를 항복시키는 수행을 의미.
- 선남자 선여인(善男子 善女人): 불법을 따르고 수행하는 선한 남성과 여성. 즉 수행자들.

제3장

- 응여시항복기심(應如是降伏其心): '이와 같이 그 마음을 항복시켜야 한다'. 번뇌를 제어하고 진리에 따르도록 하는 수행자의 자세.
- 난생, 태생, 습생, 화생(卵生, 胎生, 濕生, 化生)중생이 태어나는 네 가지 방식. 난생(알), 태생(모태), 습생(습기), 화생(변화). 즉, 모든 중생.
- 보살마하살(菩薩摩訶薩): 큰 서원을 세우고 수행하는 위대한

보살.
- 아상, 인상, 중생상, 수자상(我相, 人相, 眾生相, 壽者相): 자아와 존재에 대한 잘못된 집착. 사상(四相)이라 하며, 보살이 버려야 할 대표적 집착.
- 제도(濟度): 중생을 고통에서 벗어나게 하여 열반에 이르게 하는 것.
- 무여열반(無餘涅槃): 남김없이 모든 번뇌를 끊고 얻는 완전한 열반.

제4장

- 보살어법 응무소주(菩薩於法 應無所住): 보살은 모든 법에 있어서 어디에도 집착하지 않아야 한다는 의미.
- 행어보시(行於布施): 보시를 실천하는 것. 단순히 물질을 베푸는 것뿐 아니라 지혜와 공덕을 나누는 모든 행위 포함.
- 부주색보시(不住色布施): 형상에 집착하지 않고 보시한다는 뜻. 외적 대상(물질, 모습 등)에 머물지 않는 수행을 강조.
- 부주성향미촉법(不住聲香味觸法): 소리, 향기, 맛, 촉감, 법(의식의 대상)에도 머물지 않음을 뜻함.
- 부주어상(不住於相): 모든 상(相: 형상, 개념, 분별)'에 집착하지 않음. 무상(無相)의 지혜를 실천하는 것.
- 복덕불가사량(福德不可思量): '복덕은 헤아릴 수 없다'는 뜻. 무주상 보시는 상상할 수 없을 만큼 큰 공덕을 가져

온다는 의미.
- 허공(虛空): 텅 빈 공간. 형상이 없고 가늠할 수 없는 존재로, '공(空)'의 비유로 자주 쓰임. 무한하고 분별할 수 없는 것.
- 여소교주(如所教住): '가르침 받은 바에 따라 머문다'는 뜻. 부처님의 가르침에 따라 행하되, 거기에 얽매이지 않음을 뜻함.

*보시(布施)는 재시(財施), 법시(法施), 무외시(無畏施)로 나뉜다. 재시는 재물을 베푸는 것, 법시는 진리를 전해 깨달음의 길을 열어주는 것, 무외시는 두려움을 덜어주는 것으로, 위로와 보호, 용기를 주는 말과 행동이 모두 여기에 해당한다. 낯선 이에게 길을 알려주거나, 위험한 상황에서 돕는 일은 물론, 일상 속 한마디 말, 따뜻한 웃음, 조용한 손짓 하나까지도 모두 보시가 될 수 있다.

제5장

- 어의운하(於意云何): 너의 생각은 어떠하냐? 부처님이 제자에게 진리를 이끌어내기 위해 던지는 질문.
- 여래(如來): 진리로부터 와서 진리로 돌아간 존재. 깨달음을 이룬 자, 부처님의 또 다른 호칭.
- 즉비신상(卽非身相): 곧 진정한 형상이 아니다. 외형이나 형태는 실체가 아니라 공하다는 불교의 통찰을 담은 표현.
- 범소유상 개시허망(凡所有相, 皆是虛妄): 모든 형상은 다 허망하다. 모든 겉모습이나 개념, 이름에 집착하지 말라는 가르침.

- 약견제상비상 즉견여래(若見諸相非相, 卽見如來): 모든 형상이 참된 것이 아님을 꿰뚫어보는 자가 곧 진리를 본 사람이다.

제6장

- 장구(章句): 경전의 핵심 문장이나 구절. 짧지만 수행의 경지를 담고 있는 말들.
- 지계수복자(持戒修福者): 계율을 지키고 복을 닦는 사람. 올바른 수행자, 진정한 보살.
- 선근(善根): 선한 업의 씨앗. 전생 또는 오랜 공덕의 축적이며, 수행의 기반이 되는 마음.
- 법상·비법상(法相·非法相): 진리 자체에 대한 집착(법상)이나 진리가 아니라고 여기는 대상에 대한 집착(비법상). 둘 다 놓아야 한다는 가르침.
- 불응취법 불응취비법(不應取法 不應取非法): 법이든 아니든 어떤 대상에도 집착하지 말라는 가르침. 공과 무집착의 핵심.
- 여벌유자(如筏喩者): 뗏목의 비유. 부처님의 가르침은 강을 건너는 수단일 뿐, 집착할 대상이 아니라는 의미.
- 법상응사 하황비법(法尙應捨 何況非法): 법조차도 버려야 한다면, 법이 아닌 것들에 대한 집착은 더욱 내려놓아야 한다는 뜻.

제7장

- **무유정법(無有定法)**: 정해진 법이 없다. 고정된 실체나 절대적 개념은 없다는 뜻이며, 공(空)의 사상을 바탕으로 한다.
- **불가취 불가설(不可取 不可說)**: 취할 수도 없고 말할 수도 없다. 참된 법은 언어나 개념으로는 완전히 설명할 수 없음을 나타냄.
- **비법 비비법(非法 非非法)**: 법도 아니고 법이 아닌 것도 아니다. 이원적인 옳고 그름, 있음과 없음의 분별을 넘은 불이(不二)의 진리.
- **무위법(無爲法)**: 인위적인 작위가 없는 법. 생겨남도 사라짐도 없는 참된 진리로, 모든 성현이 증득하는 경계이다.
- **현성(賢聖)**: 보살, 아라한, 부처 등 수행을 통해 성인의 경지에 이른 이들.
- **차별(差別)**: 구분, 차이, 단계. 무위법을 체득함으로써 성현들의 깨달음의 깊이나 경계가 드러남을 말함.

제8장

- **삼천대천세계(三千大千世界)**: 불교에서 우주를 가르키는 말.
- **칠보(七寶)**: 부처님의 세계나 보시물로 자주 언급되는 일곱 가지 보석. 일반적으로 금, 은, 유리, 수정, 마노, 호박, 자거(적주)를 말함.
- **보시(布施)**: 남을 위해 물질·법·두려움 없음을 베푸는 것.

불교의 가장 기본이 되는 수행 중 하나.
- 복덕(福德): 선행이나 공덕을 쌓아 얻게 되는 좋은 과보. 금강경에서는 이조차도 집착하지 말아야 할 대상으로 봄.
- 사구게(四句偈): 네 줄로 된 짧은 게송. 짧지만 핵심 진리를 담은 불경의 시 형식.
- 불법(佛法): 부처님이 깨달은 진리이자 그 가르침. 금강경에서는 이조차 실체가 아닌 것으로 보며, 집착을 경계함.
- 즉비(卽非): 곧 ~이 아니다. '이름은 이렇지만 실제로는 아니다'라는 뜻으로, 개념에 대한 집착을 내려놓게 하는 금강경 특유의 표현.

제9장

- 수다원(須陀洹): 성자의 첫 단계로 '입류(入流)'라고도 하며, 진리의 흐름에 처음 들어섬을 뜻함.
- 사다함(斯陀含): 두 번째 성자로 '한 번 다시 온다(一來)'는 의미. 욕계에 한 번만 더 태어나 열반에 든다고 하지만, 오고 감 자체가 본래 없음을 밝힘.
- 아나함(阿那含): 세 번째 성자로 '다시 돌아오지 않음(不還)'이라는 뜻. 다시 인간 세상에 오지 않고 색계 천상에서 열반에 든다 하나, 그 또한 시간적 환상임.
- 아라한(阿羅漢): 번뇌를 끊고 해탈한 자로 응공(應供)의 자격이 있어 공경의 대상이나, 금강경에서는 '아라한도를

얻었다'는 생각 자체를 경계.
- 무쟁삼매(無諍三昧): 다툼이 없는 고요한 선정 상태로, 분별심이 사라진 깊은 마음의 평화.
- 이욕(離欲): 욕망을 떠남, 탐욕을 끊은 상태를 말하지만, 금강경에서는 '이욕했다는 생각조차 없는 것'을 진정한 이욕이라 봄.
- 아란나행(阿蘭那行): 숲속에서 고요히 수행하는 자를 뜻하며, 혼자 있음과 행함 없음(무소행)이 진짜 수행임을 말함.
- 무소행(無所行): 어떤 특정한 행위나 경지를 추구하지 않는 것.

제10장

- 연등불(燃燈佛): 과거세의 부처님으로, 석가모니 이전에 깨달음을 얻은 성불자 중 하나. 석가모니에게 미래불이 될 것을 예언한 부처님.
- 장엄불토(莊嚴佛土): 불국토를 아름답게 꾸민다는 뜻. 그러나 금강경에서는 그 장엄조차도 실체가 없음을 강조함.
- 즉비장엄 시명장엄(即非莊嚴 是名莊嚴): 장엄이라 부르지만 실체로는 장엄이 아니며, 그렇기에 오히려 장엄이라 한다. 이름과 실체의 간극.
- 응여시생청정심(應如是生淸淨心): 보살은 이와 같이 청정

한 마음을 내야 한다는 뜻. 청정심이란 탐욕·성냄·어리석음이 사라진, 집착 없는 마음.
- 응무소주 이생기심(應無所住而生其心): 금강경의 핵심 문장. 어떤 대상에도 머물지 않는 상태에서 마음을 일으켜야 한다는 뜻.
- 비여유인 신여수미산왕(譬如有人 身如須彌山王): 수미산처럼 큰 몸을 지닌 사람이라는 비유. 형상에 대한 집착을 깨뜨리기 위한 상징.
- 불설비신 시명대신(佛說非身 是名大身): 부처님은 그것을 몸이라 하지 않으며, 이름만 '큰 몸'이라 할 뿐이라고 설하심.
- 대신(大身): 큰 몸이라는 뜻. 위대함이나 실체 있는 자아로 오해되기 쉬우나, 금강경에서는 이러한 개념도 허상임을 밝힘.

제11장

- 수지(受持): 경전의 가르침을 받아 지니고 실천함. 불교에서는 '경을 외우기만' 하는 것이 아니라, 마음에 새기고 살아가는 것.
- 무위(無爲): 의도적 작위가 없는 자연스러움, 또는 초월적 깨달음. '무위복승(無爲福勝)'이란 말은 어떤 의도된 행위 없이도, 수행과 깨달음을 통한 내면의 변화가 더 큰 복덕임을 의미함.

- 위타인설(爲他人說): 남을 위해 말함, 곧 진리를 타인에게 설법하는 행위.

제12장

- 수설시경(隨說是經): 이 경을 따라 말한다는 뜻으로, 단순히 외우는 것이 아니라 진리를 깨달아 자기 언어로 전하는 수행을 의미함.
- 여불탑묘(如佛塔廟): 부처님의 탑이나 절과 같다는 뜻. 경전이 설해진 장소는 그 자체로 성지이며 법이 현존하는 자리임.
- 시인(是人): 경전을 수지하고 남에게 설하는 사람. 단순한 말 전달자가 아닌, 법을 체현한 수행자.
- 즉위유불(卽爲有佛): 그곳은 곧 부처가 있는 자리라는 뜻.

제13장

- 여법수지(如法受持): 경전을 바르게 받아 지니고 실천하는 것.
- 즉비… 시명…(卽非… 是名…): 곧 그것이 아니며 다만 그렇게 이름 붙였을 뿐이라는 뜻. 실체가 없음을 드러내는 금강경 특유의 공적 언어 구조.
- 미진(微塵): 눈에 보이지도 않는 매우 작은 티끌. 모든 존

재는 티끌처럼 나뉘고 사라지며 본래 실체가 없다는 공의 의미를 지님.
- 삼십이상(三十二相): 부처님의 몸에 나타난 32가지 존엄한 형상. 그러나 금강경에서는 이 형상에도 집착하지 말아야 함을 강조함.
- 비상(非相): 형상이 아니라는 뜻. 상(相)은 모든 외형·개념·분별을 포함하며, 본질적으로 실체가 없는 공한 존재임을 나타냄.
- 항하사등신명(恒河沙等身命): 황하의 모래 수만큼의 몸과 목숨을 바친다는 뜻으로, 최고의 희생적 보시를 상징하는 표현.
- 수지독송(受持讀誦): 경전을 받아 지니고, 실천하며 읽고 낭송하는 수행. 자성의 부처를 밝히는 수행으로 중시함.

제14장

- 심해의취(深解義趣): 경전의 깊은 뜻과 그 의도를 통찰하여 깨닫는 것. 단순한 지식이 아니라, 마음 깊이 그 이치를 통찰함을 의미.
- 체루비읍(涕淚悲泣): 눈물을 흘리며 슬피 울다. 여기서의 눈물은 감격과 자비에 대한 깊은 공감에서 비롯된 것.
- 미증득문(未曾得聞): "일찍이 들어본 적이 없습니다." 즉, 지금 듣는 경이 이전과는 차원이 다른 깊은 가르침이라는 뜻.

- 시고(是故): '그러므로'라는 뜻. 앞서 설명한 내용을 바탕으로 논리적 결론을 이끌어낼 때 사용.
- 신해수지(信解受持): 믿고, 이해하고, 받아 지니는 것. 불교 경전에서 중요한 실천의 네 단계. 단순히 읽는 것에서 멈추지 않고 그 가르침을 깊이 이해하고 실천의 삶으로 지니는 태도를 뜻함.
- 희유(希有): 불교에서 '희유(希有)'는 만나기 어려운 진리, 혹은 귀한 존재를 말함.
- 실상(實相): 사물의 참된 모습. 금강경에서는 이조차 고정된 실체가 아닌 '상이 아니다, 이름 붙인 실상일 뿐'이라 하여 공의 시야를 열어줌.
- 제일희유공덕(第一希有功德): 가장 뛰어나고 드물며 귀한 공덕. 물질적 보시보다 법을 진심으로 받아들이고 설하는 이의 공덕이 더 위대함.
- 이일체제상 즉명제불(離一切諸相 即名諸佛): 모든 상을 여의는 것이 곧 부처라는 뜻. 외형, 감정, 개념 등 모든 집착을 놓을 때 부처의 경지에 이름.
- 제일바라밀(第一波羅密): 가장 뛰어난 피안의 실천. 여섯 바라밀 중에서도 지혜와 무집착의 보시가 최고의 수행으로 강조됨.
- 인욕바라밀(忍辱波羅密): 치욕을 참고 견디는 인욕 수행. 부처가 몸이 찢기면서도 분노하지 않았던 무아의 경계를

실현함.
- 무주심(無住心): 어떤 대상에도 마음이 머물지 않는 상태. 감각적 대상이나 개념에 집착하지 않는 자유롭고 청정한 마음.
- 심주어법(心住於法): 대상에 집착하는 마음.
- 심부주법(心不住法): 대상에 집착하지 않는 마음.
- 진언·실언·여언·불이언(眞語·實語·如語·不異語): 여래의 네 가지 참된 언어. 참말, 진실한 말, 사실 그대로의 말, 거짓 없는 말.

제15장

- 초일분·중일분·후일분(初日分·中日分·後日分): 각각 하루의 이른 아침, 정오 무렵, 늦은 오후를 가리키며, 하루 세 시점 모두에서 몸과 생명을 내어주는 보시를 실천했다는 의미. 끊임없는 보시 수행의 상징.
- 항하사등신(恒河沙等身): 항하의 모래알처럼 수없이 많은 몸이라는 뜻으로, 무수한 생에 걸쳐 온몸과 생명을 보시했다는 비유.
- 이신보시(以身布施): 자신의 몸과 목숨까지 바치는 보시. 물질이 아닌 자기 존재 전체를 내어주는 최고의 희생과 자비를 의미함.

- 서사수지독송(書寫受持讀誦): 경전을 손으로 옮겨 쓰고, 가슴에 지니고, 입으로 외우고, 되풀이하여 낭송하는 수행.
- 해설(解說): 경전의 내용을 바르게 이해하고, 그 뜻을 타인에게 쉽게 풀어 전하는 것. 법보시(法布施)의 한 형태로, 이 또한 큰 공덕이 됨.
- 불가사의공덕(不可思議功德): 생각으로 헤아릴 수 없고 말로도 설명할 수 없는 공덕. 반야의 지혜를 실천한 자가 얻게 되는 깨달음의 열매.
- 발대승자·발최상승자(發大乘者·發最上乘者): 대승 또는 최상의 수행의 길에 발심한 자. 모든 중생과 함께 깨달음을 이루고자 하는 수행자.
- 하담여래(荷擔如來): 여래의 서원을 짊어진 자라는 뜻으로, 부처님의 뜻을 이어받아 수행하고 실천하는 진정한 불자의 모습.
- 착아견·착인견·착중생견·착수자견(着我見·人見·衆生見·壽者見): 나, 타인, 모든 중생, 삶의 지속성 등에 대한 고정된 생각. 이런 분별심이 있으면 금강경의 공 사상을 이해할 수 없음.
- 소법자(小法者): 작은 가르침에 집착하는 자. 자기만의 해탈에 머무르는 소승적 수행자로, 금강경은 이러한 마음을 넘어 대승의 길을 권함.
- 재재처처 유차경(在在處處 有此經): 이 경전이 있는 모든

장소. 금강경을 수지하는 그 자리는 어디든 성지이며 수행의 중심이 됨.
- 시탑(是塔): 그 자리는 곧 부처님의 탑과 같다는 선언. 경전을 설하거나 수지하는 사람과 장소 모두 법의 현존으로 존귀함.
- 작례위요(作禮圍繞): 경이 설해진 곳이나 수행자에게 예를 갖추고, 그 자리를 돌며 공경하는 의식. 경전 수행자의 공덕을 예경으로 표현함.

제16장
- 경천(輕賤): 타인으로부터 멸시받고 천대받는 것.
- 선세죄업(先世罪業): 이전 생에서 지은 악업. 이 경을 수지함으로써 그 업이 소멸된다고 설함.
- 즉위소멸(卽爲消滅): 곧바로 소멸됨. 멸시받는 현상이 곧 업장의 정화라는 뜻.
- 공양승사(供養承事): 부처님을 공경하고 받들어 모시는 행위. 예경과 봉사적 공덕 실천의 표현.
- 무공과자(無空過者): 헛되이 스쳐간 바가 없는 사람. 모든 수행과 공양이 공덕으로 쌓였음을 의미.
- 후말세(後末世): 불법이 쇠퇴하는 시대. 말세의 중생이 신심을 내는 것이 더욱 귀하고 어렵다고 강조함.
- 신심불역(信心不逆): 믿고 거스르지 않음. 의심 없이 받아

들이는 청정한 신심을 뜻함.
- 호의불신(狐疑不信): 여우처럼 의심이 많고 믿지 못함. 진리를 받아들이지 못하는 중생의 어리석은 마음을 상징.
- 불가사의(不可思議): 생각하거나 말로 표현할 수 없는 경지. 금강경의 진리와 공덕은 본질적으로 불가사의함.
- 과보(果報): 인연에 따른 결과로서의 복이나 화. 이 경을 수지하여 얻게 되는 결과 역시 불가사의한 과보임.

제17장

- 응주(應住): 어디에 마음을 머물러야 하는가를 묻는 말. '마음의 집착처'를 의미함.
- 아응멸도일체중생(我應滅度一切衆生): 모든 중생을 제도하겠다는 보살의 큰 서원.
- 무유일중생실멸도자(無有一衆生實滅度者): 실제로 제도된 한 중생도 없다는 말. 중생을 제도하되 제도한 바가 없다는, 공(空)의 실천을 의미함.
- 즉비보살(即非菩薩): 그런 상을 가지고 있는 자는 보살이 아니다.
- 수기(授記): 미래에 부처가 될 것을 예언하고 확정해주는 부처님의 가르침.
- 여래자즉제법여의(如來者即諸法如義): 여래는 모든 법이 공한 본성 그대로임을 나타낸다. 여래 자체가 진리(如

義)임을 의미.
- 무실무허(無實無虛): 실체도 없고 허상도 없다. '존재/비존재'의 이분법조차 넘어서야 함.
- 일체법(一切法): 존재하는 모든 것. 그러나 금강경에서는 그것마저도 '비법(非法)'이라 하여 고정된 실체로 보지 않음
- 인신장대(人身長大): '몸이 크다'는 생각조차도 상(相)에 불과함. 크고 작음조차 본질이 아님.
- 통달무아법(通達無我法): '나'라는 실체가 없음을 꿰뚫어 봄. 이것이야말로 진정한 보살의 자격.
- 진시보살(眞是菩薩): 참된 보살. 무아의 이치를 꿰뚫고 실천하는 자를 여래는 이렇게 부름.

제18장

- 육안(肉眼): 물질적 신체의 눈. 중생이 일반적으로 사용하는 눈으로, 겉으로 보이는 사물만을 인식할 수 있음.
- 천안(天眼): 하늘의 눈. 선정력이나 신통으로 육안이 보지 못하는 생멸과 생사의 흐름까지 꿰뚫어보는 능력.
- 법안(法眼): 진리의 눈. 법의 이치를 꿰뚫어보는 눈으로, 인연생기(因緣生起)의 법칙을 바르게 통찰함.
- 불안(佛眼): 부처의 눈. 오안(五眼)의 가장 최상으로, 일체 중생과 법계의 근기·과보·수행 정도를 완전히 꿰뚫어봄.

- 오안(五眼): 육안·천안·혜안(지혜의 눈)·법안·불안의 다섯 눈. 여래는 이 다섯 가지 눈을 모두 갖추었다고 함.
- 항하사(恒河沙): 무량대수를 비유할때 쓰이는 불교적 표현으로, 셀 수 없이 많은 것을 의미함.
- 불세계(佛世界): 부처님이 교화하는 세계. 불국토 또는 수행자들의 존재 세계를 말함. 여기서는 무수한 세계를 의미
- 제심(諸心): 모든 중생의 마음. 그러나 여래는 이 모든 마음이 실제의 마음이 아니라고 설함.
- 비심(非心): '마음은 마음이 아니다'. 집착하고 분별하는 마음은 본래의 참된 마음이 아니라는 뜻.
- 시명위심(是名爲心): 다만 그렇게 이름 붙였을 뿐. '공' 사상을 바탕으로 한 명명(命名)의 상대성 강조.
- 삼세심불가득(三世心不可得): 과거심·현재심·미래심은 모두 붙잡을 수 없다. 마음은 늘 흘러가므로, 실체가 아니라는 공(空)의 핵심 표현.

제19장

- 득복 (得福): 복을 얻음. 복덕이 생긴다는 의미이나, 금강경에서는 이조차도 공한 것임을 설함.
- 유실(有實): 실제로 존재함. 여기서는 복덕이라는 개념에 실체가 있다면이라는 가정으로 쓰임.
- 무고(無故): 실체가 없기 때문에. '그러므로' 혹은 '그로

인하여'라는 뜻으로, 불교의 '공(空)' 논리의 연결어.
- 복덕무실(福德無實): 복덕이라는 것조차 실체가 없음. 집착 없이 행한 보시만이 진짜 공덕임을 강조하는 불교적 핵심 사유.

제20장

- 색신(色身): 눈에 보이는 육체적 몸. 중생의 시각으로는 부처의 형상을 의미하지만, 금강경에서는 진짜 부처의 몸이 아니며 실체도 아님을 강조.
- 구족색신(具足色身): 형상과 조건을 온전히 갖춘 몸. 그러나 여래의 색신은 본질적 진여(眞如)를 가리키며, 외형적 구족은 공함.
- 제상(諸相): 다양한 모습과 형상. 불상(佛相)이나 육체적 특징을 뜻하지만, 금강경에서는 이러한 상도 모두 집착할 것이 아님을 설함.
- 구족제상(具足諸相): 여러 가지 불상(佛相)을 완전하게 갖춘 모습. 그러나 이것도 진실한 구족이 아니며 단지 이름일 뿐.
- 시명(是名): 그렇게 불릴 뿐이라는 의미. 이름 붙인 것이지 실체로서 존재하는 것이 아님을 밝힘.
- 불응이견(不應以見): 눈에 보이는 것으로 판단해서는 안 된다는 뜻. 부처나 진리를 외형이나 현상으로 판단하지

말라는 경책.

제21장

- 설법(說法): 법을 설한다는 뜻. 하지만 금강경에서는 고정된 법이나 말로 표현 가능한 가르침이 없다고 보기에 설법조차도 실체가 없는 것이라 봄.
- 무법가설(無法可說): 설할 만한 고정된 법이 없다는 뜻. 참된 법은 형상도, 말도, 개념도 초월한 것이기에 표현할 수 없음을 의미함.
- 시명설법(是名說法): 그런 말할 수 없는 법조차 '말했다'고 이름 붙일 뿐이라는 표현. 실체가 없는 것을 '있다'고 부르는 공(空)의 표현방식.
- 방불(謗佛): 부처님을 헐뜯고 왜곡하는 것. 금강경에서는 '부처님이 고정된 법을 설했다'고 생각하는 것조차도 방불이라고 경계함.
- 중생(衆生): 개별적인 생명을 가진 존재들. 하지만 금강경에서는 이것조차 실체가 없으며 이름뿐이라 설함.
- 피비중생(彼非衆生): 그들은 진정한 의미에서 중생이 아니다. 상(相)에 대한 집착이 없다는 의미에서 해석됨.
- 시명중생(是名衆生): 다만 '중생'이라 이름 붙일 뿐이라는 뜻. 고정된 자아나 실체가 없다는 공(空) 사상의 핵심 표현

- 신심(信心): 믿는 마음. 여기서는 말로 설명되지 않는 가르침을 듣고도 의심하지 않고 받아들이는 청정한 마음을 뜻함.

제22장

- 무상정등정각(阿耨多羅三藐三菩提): 가장 높고 바른 깨달음. 수행의 궁극 목표로서, '최고의 완전한 깨달음'이라 하며, 부처가 된 상태.
- 무소득(無所得): 얻은 바가 없음. 깨달음조차도 '얻는 것'이 아니며, 어떤 실체도 집착할 수 없다는 공(空)의 핵심 표현.
- 소법(少法): 아주 작은 법. '조금의 진리'라는 의미로 쓰이지만, 여기서는 그마저도 없다는 것을 강조하는 부정의 강조 표현.
- 여시여시(如是如是): '그렇다, 그렇다'는 뜻으로, 부처님께서 질문을 긍정하실 때 사용하는 전형적 대답.

제23장

- 시법(是法): 이 법. 여기서 말하는 '법'은 부처님의 가르침이자 공(空)의 진리 자체를 의미함.
- 평등(平等): 높고 낮음이 없는 상태. 모든 법과 존재는 본성상 차별이 없다는 불교의 근본 사상.

- 무유고하(無有高下): 높고 낮음이 없음. 비교와 분별을 떠난 절대적인 평등 상태.
- 무아(無我): 나라는 실체가 없음. 고정된 자아에 대한 집착을 버리는 불교의 핵심 사상.
- 무인(無人): 남이라는 실체도 없음. 나와 너의 구분이 본질적이지 않음을 나타냄.
- 무중생(無衆生): 존재하는 모든 생명체 역시 고정된 실체가 없다는 뜻.
- 무수자(無壽者): 삶을 이어가는 자 또한 실체가 아니라는 의미.
- 수일체선법(修一切善法): 모든 선한 행을 닦는 것. 보시, 인욕, 선정, 지혜 등 육바라밀 수행이 여기에 포함됨.

제24장

- 수미산(須彌山): 세상의 중심에 있다고 전해지는 가장 높고 웅장한 산으로, 물질 세계의 위대함과 가치를 상징함.
- 칠보취(七寶聚): 일곱 가지 보물을 모은 보물 무더기. 물질적 보시 중 가장 귀한 것으로 여겨짐.
- 산수비유(算數譬喩): 숫자로 계산하거나 비유하는 것. 그러나 경전에서는 이조차도 법보시의 공덕을 다 표현할 수 없다고 설함.

- 소불능급(所不能及): 미칠 수 없음. 어떠한 수치적 비교나 물질적 가치도 진리의 가르침을 전하는 공덕에는 미치지 못함.

제25장

- 도중생(度衆生): 중생을 제도함. 중생을 괴로움에서 건져 깨달음으로 인도하는 부처의 자비 실천을 의미.
- 여래도자(如來度者): 여래가 제도한 자. 실상은 제도된 중생도 없고, 제도한 여래도 없음을 드러내는 표현.
- 유아자(有我者): 자아가 있다고 여기는 사람. 고정된 '나'라는 존재를 실재한다고 믿는 착각을 의미함.
- 범부지인(凡夫之人): 깨닫지 못한 보통 사람. 사상(四相)에 집착하여 '나'와 '남'을 구분하고, 중생과 시간에 대한 실체를 믿는 자.
- 여래설즉비범부(如來說卽非凡夫): 여래는 그들을 범부라 부르지 않는다. 집착과 무지에 빠져 있지만, 본성은 청정하다는 의미.
- 시명범부(是名凡夫): 다만 이름하여 범부라 부를 뿐이다. 실체 없는 개념을 편의상 지칭하는 불교의 언어적 장치.

제26장

제5장과 20장에서는 세존께서 "몸의 모양으로 여래를 볼 수 있겠느냐"라고 묻자 수보리는 "아닙니다. 세존이시여, 몸의 모양으로 여래를 볼 수 없습니다.'라고 대답하였다. 그런데 26장에서는 수보리가 몸의 모양으로 여래를 볼 수 있다고 하고 있다. 에드워드 콘즈와 현장 역본은 앞서와 같이 수보리가 볼 수 없다고 해석한 반면 구마라집 역본은 이와 같이 달리 말하였다. 이에 대해 육조 스님은 수보리가 앞서와 달리 한 차례 미혹한 모습을 보인 것에 대해 그렇게 헤매는 모습을 방편으로 보여줌으로써 세존께서 미세한 의혹까지 없애 주시어 후세의 중생들이 견해가 그릇되지 않게 되길 바라는 마음에서 였다고 하였다.

- 색견(色見): 형상으로 본다는 뜻. 외형으로 진리를 보려는 집착을 의미함.
- 음성구(音聲求): 말소리나 음성으로 부처를 찾는다는 뜻. 형상과 더불어 감각적 수단에 의존하려는 태도를 의미함.
- 행사도(行邪道): 그릇된 길을 걷는 것. 부처를 겉모습이나 소리로 찾으려 하는 자는 진리를 그릇되게 찾는 자라는 경책.
- 불능견여래(不能見如來): 여래를 볼 수 없다. 여래는 상과 음성을 초월한 진여의 존재라는 의미.

제27장

- 구족상(具足相): 완전하게 갖추어진 외형적인 특징 또는 상(相). 부처님의 삼십이상 같은 신체적 특성을 말하나, 금강

경에서는 이러한 상으로 깨달음을 판단하지 않음.
- 단멸상(斷滅相): 모든 법이 단절되고 멸해진다는 형상 또는 관념. 공(空)을 오해하여 '없어짐'이나 '소멸'로 이해하는 잘못된 견해를 경계하는 표현.
- 불설단멸상(不說斷滅相): 여래는 단멸의 관점을 따라 설하지 않음을 뜻함. 모든 법이 공하지만, 그것이 사라진다는 의미는 아니라는 불이(不二)의 가르침을 담고 있음.

제28장

- 득성어인(得成於忍): 인욕의 경지에 도달함. 일체 법이 무아임을 깊이 깨달아 마음에 요동이 없는 상태를 말함. 인욕바라밀의 실현.
- 승전보살(勝前菩薩): 앞선 보살보다 뛰어난 보살. 공덕의 양보다 무아의 지혜로 인욕을 성취한 이가 더 높은 경지에 있음을 뜻함.
- 불수복덕(不受福德): 공덕을 짓되 그 과보를 받지 않음. 무주상보시의 실천으로, 집착 없는 수행자의 태도를 의미함.
- 소작복덕(所作福德): 보살이 행한 선행으로 쌓은 공덕. 금강경에서는 이조차도 집착해서는 안 되는 대상임.
- 불응탐착(不應貪著): 탐내거나 집착하지 말 것. 수행자의 기본 자세로, 복덕조차 탐하지 않는 태도를 강조함.

- 설불수복덕(說不受福德): 부처님께서 '복덕을 받지 않는다'고 설한 내용. 이는 진정한 무집착을 통한 보살행을 설명하는 핵심 표현.

제29장

- 약래약거약좌약와(若來若去若坐若臥): '오고 감, 앉고 누움'이라는 네 가지 동작을 의미. 여래를 이러한 신체적 움직임으로 규정하면 그 본질을 이해하지 못한 것이라는 경책.
- 불해아소설의(不解我所說義): 내가 설한 뜻을 제대로 이해하지 못한다. 여래의 무집착·무상성에 대한 오해를 경계함.
- 무소종래(無所從來): 어디서부터 온 바가 없음. 여래는 시간과 공간, 원인과 결과의 속박을 초월한 존재임을 나타냄.
- 역무소거(亦無所去): 어디로 간 바도 없음. 여래의 본질은 항상성·고정성 없는 '공함'을 드러냄.
- 고명여래(故名如來): 그래서 '여래'라 부른다. 여래는 '그와 같이 온 자'로 번역되지만, 금강경에서는 움직임과 무관한 진리 그 자체로 해석.

제30장

- 쇄위미진(碎爲微塵): 부수어 아주 작은 티끌로 만든다는 뜻. 삼천대천세계를 가루처럼 미세한 입자로 나누는 과장된 비유를 통해 '공(空)'을 강조.
- 미진중(微塵衆): 미세한 티끌의 무리. 물질을 구성하는 가장 작은 단위로, 여기서는 실체가 없는 개념임을 설명하기 위해 사용됨.
- 실유자(實有者): 실제로 존재 하는 것. 금강경에서는 실유라고 생각하는 것 자체가 집착이라고 보고 이를 부정함.
- 세계(世界): 삼천대천세계. 중생의 업에 따라 생성된 세계로서 실체가 아닌 조건에 따라 모인 가합체에 불과함
- 일합상(一合相): 여러 요소가 모여 형성된 하나의 형상. '세계'나 '존재' 같은 것도 결국 여러 인연이 결합된 것이며, 고정된 실체가 아님.
- 불가설(不可說): 말로 설명할 수 없음. 진리는 언어나 분별로는 완전히 표현되지 않음을 의미함.
- 탐착기사(貪着其事): 그것에 집착함. 범부가 '이름 붙인 대상'을 실재로 오해하고 탐하고 집착하는 어리석음을 경계하는 표현.

제31장

- 불생법상(不生法相): 어떤 법에도 고정된 형상이나 생겨난 실체가 없음을 말함. 법상조차도 공함.

- 법상(法相): 법의 형상 또는 본질적 특징을 뜻하나, 금강경에서는 이조차도 실체가 아님을 강조함.
- 즉비법상(即非法相): 법상이라 말하지만 실제로는 법상이 아니다. 금강경 특유의 즉비즉시(即非即是) 논리 구조의 표현.
- 시명법상(是名法相): 이름 붙여 그렇게 부를 뿐이다. 불교 언어는 방편일 뿐 실체를 가리키지 않음을 뜻함.

제32장

- 무량아승지세계(無量阿僧祇世界): 헤아릴 수 없이 많은 수의 세계. '아승지'는 상상할 수 없는 수량 단위를 뜻하며, 경전에서는 '무한'을 상징.
- 위인연설(爲人演說): 다른 사람에게 부처님의 가르침을 바르게 설해주는 것.
- 여여부동(如如不動): '여여'는 그대로의 진리, '부동'은 흔들리지 않음을 뜻함. 진리의 자리에 머무는 고요한 마음
- 불취어상(不取於相): 형상에 집착하지 않음. '상(相)'은 모든 형태나 개념적 대상이며, 이를 붙잡지 않는 것이 진리 수행의 핵심.
- 유위법(有爲法): 조건(인연)에 의해 생겨나고 없어지는 모든 법. 변화하고 무상한 존재로, 실체가 아님.
- 여몽환포영(如夢幻泡影): 꿈, 환영, 물거품, 그림자와 같

다는 뜻. 존재의 무상성과 허망함을 비유로 나타냄.
- 여로역여전(如露亦如電): 이슬이나 번개처럼 덧없고 순식간이라는 의미. 모든 현상이 잠시 머무르다 사라지는 성질을 가짐.
- 신수봉행(信受奉行): 믿고 받아들이며, 따르고 실천함. 경을 진실하게 받아들여 삶으로 살아내는 수행자의 자세.

모두를 위한
금강경
©오늘도맑음

발행일 | 2025년 09월 10일
엮은이 | 오늘도맑음 출판부

발행인 | 이지영
발행처 | 도서출판 문학산책
신고번호 | 제2022-000029호
브랜드 | 오늘도맑음
구입문의 | 042-223-8007
E-mail | jj998007@naver.com
주　소 | 대전시 중구 보문로 260번길 26. 문화빌딩 407호
ISBN | 979-11-994292-0-8(02220)

'오늘도맑음'은 도서출판 문학산책의 임프린트 브랜드 입니다.